文学典籍注释基本理论研究

丁俊苗/著

安徽大学出版社

图书在版编目(CIP)数据

文学典籍注释基本理论研究/丁俊苗著.—合肥:安徽大学出版社,2017.7
(博学文库)
ISBN 978-7-5664-1405-2

Ⅰ.①文… Ⅱ.①丁… Ⅲ.①注释－文学研究 Ⅳ.①I0

中国版本图书馆 CIP 数据核字(2017)第 113604 号

本书出版得到安徽省高校省级人文社科重点研究项目"文学典籍注释基本理论研究"(项目编号:SK2013A115)与巢湖学院学术著作出版基金资助(项目批注号:XSZZ－201701)

文学典籍注释基本理论研究　　　　　丁俊苗　著
WENXUE DIANJI ZHUSHI JIBEN LILUN YANJIU

出版发行:	北京师范大学出版集团 安徽大学出版社 (安徽省合肥市肥西路3号 邮编230039) www.bnupg.com.cn www.ahupress.com.cn
印　刷:	安徽联众印刷有限公司
经　销:	全国新华书店
开　本:	152mm×228mm
印　张:	13.5
字　数:	160千字
版　次:	2017年7月第1版
印　次:	2017年7月第1次印刷
定　价:	35.00元

ISBN 978-7-5664-1405-2

策划编辑:卢　坡　　　　　　　　装帧设计:李　军
责任编辑:刘婷婷　苗　锐　卢　坡　美术编辑:李　军
责任印制:陈　如

版权所有　侵权必究

反盗版、侵权举报电话:0551－65106311
外埠邮购电话:0551－65107716
本书如有印装质量问题,请与印制管理部联系调换。
印制管理部电话:0551－65106311

序

　　我在讲授《训诂学》的过程中,深深感到,要增强当代学生的学习兴趣,提高讲课质量,就必须与古典文学紧密结合。这样日积月累的结果,资料渐多,范围日广,对古典文学作品注释研究的兴趣也日益增强。诗歌,特别是唐诗,人皆喜爱,因此,我将较多的目光投向了唐诗的注释。阅读了仇兆鳌的《杜诗详注》之后,产生了一些感想。除了敬佩其诸多优点而外,也观察到一些不足。例如,因为过于追求杜诗的"无一字无来历",因此有的地方在注明字词来历时就难免出现与诗句无涉的情况。概而言之,如果用当代读者的眼光来审视仇注,便感到它不能充分适应、完全满足当代读者的阅读需求。尔后,我有幸获准主持的国家社科基金项目"清人之唐诗注释研究",就是欲对清人的唐诗注释进行全面的调查和了解,以汲取经验与借鉴,为今天的古籍整理、古籍注释服务。

　　丁俊苗博士长于理性思维,他的博士论文之选择,也小有曲折,后来,我建议他在我的课题中选择一个子课题。他接受了我的建议,遂以《〈玉溪生诗笺注〉注释研究》为题开展工作。由于他敏而好学,认真阅读了大量相关资料,很快就适应了课题研究的需要。在完成博士论文的过程中,他不时有所发问。这些发问,常常表现出他对注释问题的理性思考。他将这些发问与思考落实到对《玉溪生诗笺注》注释的研究中,从而归结为"注了什么""怎么注的""为什么这么注"和"注得如何"四个大问题。最终,他的博士论文取得了"优秀"的好成绩。而这些发问与思考,也就成为他深入研究文学典籍注释的发端。毕业之后,他没有停顿,继续进行探索与研究,陆续发表了一些研究的成果。十年之后,他终于拿出这本《文学典籍注释基本理论研究》,邀我写序。嘉其勤于探索而不忘初衷,欣喜之余,我自然乐为鼓吹。

丁俊苗博士发挥其善于理性思维之所长,根据我国丰富的注释实践,综合运用训诂学、文学批评、文学鉴赏以及诠释学、传播学、校勘学、接受美学、系统论等学科理论,建构出一个文学典籍注释的基本理论体系,并对这一体系进行了系统的全面的逻辑性的理论阐述。

我们的先辈创造了"应运而生"这一词语,应该说,这是先辈对客观事物产生、出现的规律性的总结——因为任何事物总是适应时代的需要而发生的。文学典籍的注释,同样也是适应时代的需要、社会的需要而发生。本书作者在深入考察的基础上,总结出文学典籍注释发生的深层次原因,亦即根本原因是"时间性"和"时代性",这就抓住了文学典籍注释发生的客观因素与主观因素。作者以此为基点,进而展开了此后的一系列论述。应该说,这是本书作者好学深思的必然收获。

在我们现代人的潜意识中,古籍整理,包括文学典籍注释,常常不被视为"研究成果",更谈不上是高水平的"研究成果",评定职称时往往难以纳入成果计算的范围之内。其实,这是对古籍整理、文学典籍注释的一种误解。丁俊苗博士的这一理论体系,阐述的正是一种高水平的(或曰理想的)注释。为此,作者特设一章,专门对高水平的注释展开论证。作者透过注释依附于文本而往往为其所遮蔽,从而忽视了它的本质属性这一特点,指出文学典籍注释是一种带有约束性和间接性的特殊的著述方式。当我们沿着作者的思路与论述,读完了"文学典籍注释的功能与价值"一章之后,自然就会提升我们对文学典籍注释的看法和认识,这就不仅有利于文学典籍的注释,而且也有利于注释学的发展与完善。

"文学典籍注释的功能与价值"一章,是该书中甚为精彩的章节之一。作者在学习、分析、总结诸多学者论述的基础上,仍以时间性和时代性是文学典籍注释发生的根本原因为视角,从功能与价值两方面来区分注释的意义。这样区分的结果,对于我们考察注释的意义,就会更加深入和细致。果然,作者从文本功能、疏通功能、文献功能三个方面,从传播价值、著述价值及经典化价值三个方面分别展开了对文学典籍注释的功能与价值的论述。如此细致的分析、论证,怎能不感染读者,又怎能不打动读者呢?需要强调的是,细致分析文学典籍注释的功能与价值,还不是这一论题的终结,还需要正确认识二者之间的关系。所以,作者又以辩证统一的观点进一步论证"文学典籍注释的功能与价值的关系"。作者认为,"读懂"是文学典籍注释的主要功能,"其中恢复文本的历史真实面貌是注释的前提,扫除阅读障碍、疏通文本是注释的重要目的,积淀和保存相关文献则是注释的自然结果"。"读好",特别是"读出其时代内涵",则是注释的主要价值所在,"其中传播价值是基础,著述价值是升华,经典化价值则是结果"。作者这样说道:"注释是一个整体行为,文学典籍注释发生的时间性和时代性是一个矛盾统一体,因此,文学典籍注释的功能和价值本质上也是一个矛盾统一体,两者虽相互区别,但又是密切联系的,不能简单、机械地分隔和对立,要统一地看,辩证地看,功能实现中蕴涵价值发现,价值发现中,也在实现功能,功能和价值共同展现注释的意义与生命力。"这一番论述,体现了作者辩证统一的观点。

  以辩证统一的观点、多元化的视角来观察、分析、论证文学典籍注释,是全书的显著特点。他如,对"六经注我"与"我注六经"的分析论证,对"文学典籍注释的客观性与主观性"及其"辩证统一"的论证等等,莫不如此。正因为这样,所以,其结论就避免了狭隘性、单一性、唯一性等弊端,而具有相当的广泛性,具有强烈的感染力和说服力。这里,我还想着重指出,作者在"文学典籍的注释原则与注释思想"一章中,提出了要"忠实文本""尊重作者""显现注者""敬畏读者"四个原则,这是十分重要的、全面的认识,对于指导我们的文学典籍注释工作具有重要的指导意义。

我国的文学典籍,多是文人之作。而我国的文人(或者称之为知识分子),历来所受的教育就是以"修身齐家治国平天下"为立身之本的,他们治学的目的,就是为了"经世致用"——这一点,著名学者张岂之先生在其《中华人文精神》一书的第六章有着精彩的论述——也就是说,"以天下为己任"的责任精神,是我国文人的精神支柱。无论是孟子的"穷则独善其身,达则兼济天下",还是杜甫的"致君尧舜上,再使风俗淳",或是范仲淹的"先天下之忧而忧,后天下之乐而乐"等等,无一不是这种思想的体现。他们所留下的文学典籍,自然也是这一思想的艺术表现。这是我国文学典籍的一个重要特征。据此,则我们很难将"娱乐性"或者"消遣性"视为文学作品的唯一价值所在。我想,这应该是我们要"忠实文本""尊重作者"的一个重要原因。但是,注者和读者的作用,同样不可轻视,道理显而易见:既然是"注释",那么,注者的作用自然就是十分重要的了。为此,该书作者首先阐明了注者的"特殊身份"和"特殊使命",既强调了注者的"主体性",也强调了注者的"创造性"。作者认为,高水平的注释,应该是这样的:"注释的过程,不仅仅是文学作品价值和意义传承的过程,更是一个价值和意义不断增益的过程。一部高水平的注释著作,绝不是真的述而不作,简单照搬、转述或堆砌材料,而是要深入阐发作品的思想和艺术内涵,不断创新,寓作于述。"这一番言论,对我们是很有启发意义的。对于文本、作者、注者和读者的关系,作者是这样论述的:"忠实文本,能很好解决意义内生的问题,尊重作者能很好解决意义外生的问题,显现注者能很好解决意义新生的问题,而敬畏读者,让读者易于接受,则能很好解决意义永生的问题。"应该说,这是对四者关系的准确而恰当的阐释,很好地体现了辩证统一的思想。细究之下,我们不难发现,作者的这些论断,其实是在前文对"文本的功能与价值"、对"注者的作用"及"学养与要求"等一系列问题的分析论证的基础上提出的——而这一切,也充分地体现出全书的系统性,体现出全书的逻辑层次。

要之,作者构建的文学典籍注释理论体系,论述的是对高水平注释的要求。从注本的选定、文本的复原,到疏通文字、阐明章旨、艺术鉴赏乃至文本隐微意蕴的挖掘、思想艺术层次的升华等一系列问题,都包括在注释的范围之内。即以作者提出的"忠实文本""尊重作者""显现注者""敬畏读者"四个原则来看,就是相当高的要求,在实践中是甚为不易的。仅就"忠实文本"言,本书作者就论及了注本的确立、选定乃至校勘等一系列问题。其中单是"文本复原"一项,就不是轻而易举、简单可行的。张永言先生考订杜诗《示从孙济》"平明跨驴出,未知适谁门"一句中的"知",本当作"委",蒋礼鸿先生考订王士禛《唐人万首绝句选》、近人高步瀛《唐宋诗举要》中"烽火""回乐烽"之"烽"不当作"峰",都是极见功力、颇费时日的。没有高水平的注释能力,恐怕是难以胜任的。

复以"敬畏读者"言,我曾经根据社会的需求,将读者分为学术需求和阅读需求两类,而后将注释分为研究型的注释与普及型的注释两类。当然,这种分类,还是比较粗疏的,两者之间的界线,也是不易划分的,彼此之间往往是交叉、兼容的。清人的诗歌注释,我想主要是出于学术的需求。这是由当时的学术环境、学术水平来论断的。而今天的情况大变,阅读需求上升为主要的需求了。

就阅读需求言,目前需要考虑两类读者群:一是80后、90后的众多年轻读者,二是一大批老年读者。老年读者往往加入了诗词写作的行列,喜好诗、词、曲、赋的写作,因此,他们需要有关写作的启发、指导和借鉴。(仇注杜诗中,就有不少内容是揭示写作方法、诗篇结构、构思立意的,这些当是适应那个时代的读者的写作需求的。）今天的青年读者则需要阐明诗意、鉴赏艺术等内容。这些，都是我们在注释之时需要认真对待的。

本书论述的是适应新时代的新读者的文学典籍注释，因此，不仅要求其"全"，还要突出其"新"。可喜的是，作者在这两方面都做出了有益的论证。

诚如作者所言，身处现代社会的现代读者，对阅读注本的兴趣已经大为减弱，文学，包括古典文学的读者群逐渐"流散"，因此，如何留住读者，更是我们面临的一个重要课题。针对"渐行渐远的历史时空"和"泛媒介化的阅读语境"这一现实，本书作者提出了创新性构想。他认为，无论从观念、内容、方法，还是到形式和应用，都需要创新。这是值得我们认真思考与积极探索的一个崭新的而又十分重要的问题。

丁俊苗博士在《后记》中谈及本书有待继续深入的问题，他说："回顾和反省写作的历程，自觉本书至少仍存在三方面需要提高的地方：一是构建的理论体系主要是框架性的，还比较粗疏，精细性不够，科学性、合理性还需要接受实践的检验；二是论证方面感觉不足，有时是先有观点，后找例子去说明和证实，显得较为生硬，例证的选择面和代表性也还不够；三是文学典籍注释的特殊性突出不够，特别是具体到不同的文体类型和作家作品。"我觉得，他谈及的这三个方面的问题，是中其肯綮的。我衷心地希望作者能就此继续不断地深入研究。

我国的文学典籍以及对这些典籍的注释，以其数量庞大和其丰富性与多样性而令世人瞩目。时代的发展和阅读的需要，促使我们应该将扫除语言文字的障碍与"与析共赏"结合起来。本书论述的文学典籍注释，也正是基于这一认识而展开的。这种高水平的注释，就对注者提出了更高的要求。为此，我们不仅有必要进一步加强对《唐诗三百首详析》《杜诗注析》《诗经注析》之类注释的研究，也必须加强对现代读者的调查与研究。在充分认识文学典籍注释的功能与价值的多样性和多重性的同时,根据文学典籍的类型、特点以及自身的学养,求得注释的正确定位,"各展所长,各负使命,实现注释的多元化功能或价值,共同推进文学典籍的经典化,服务于时代发展和人民需要"。

"文革"之后,我国出版了数量众多的文学典籍注释作品,但是,毋庸讳言,由于对文学典籍注释缺乏必要的理论认识,缺乏必需的专业知识,这些注释作品便呈现出良莠不一的现象。现在,有了这本探讨文学典籍注释基本理论的专著,必将会对我们在这一方面的工作,起到积极的指导作用。目前,我正在为散曲大家吴梅弟子孙为霆先生的散曲作品集《壶春乐府》作注。我的初衷有二:一是深深地为孙为霆先生的作品所感动而激愤,以为有义务为之宣传;二是企图通过注释实践,进一步验证、补充我们的项目成果与结论。在注释过程中,时时产生不少困惑。读完丁俊苗博士的这一专著,我对文学典籍注释的认识,又有了新的升华。相信读者也会有和我一样的感受。

拉杂而言,聊以为序。

郭芹纳

序于陕西师范大学诗词曲赋联研究中心

2016 年 12 月 20 日

前　言

在陕西师范大学攻读博士学位时,我的论文题目是《〈玉溪生诗笺注〉注释研究》。《玉溪生诗笺注》是清人冯浩笺注李商隐诗的注本,论文主要以该注本的注释为研究对象,目的是想总结冯浩注释的成就与不足,探索清代诗歌注释的特点,并希望在此基础上概括诗歌注释的基本规律,为诗歌注释学研究提供事实和理论支撑。

在研究过程中,我发现对典籍注释的研究至少存在两方面不足,一是中国古代的典籍注释著作虽极丰富,但注释理论体系的论述却较为薄弱,二是当下关于典籍注释理论研究的文章虽很多,但体系性较强的理论著作却较少,因此便萌生了撰写一本关于典籍注释基本理论著作的想法,希望为典籍注释学的学科建设做一点工作。

中国古代的典籍浩如烟海,内容赅博,涉及哲学、文学、艺术、历史、医学等诸多学科,在研究和写作的过程中逐渐发现,要撰写一本具有普遍意义的典籍注释基本理论著作是非常困难的,别的不说,仅研读各学科具有代表性的注释著作,就需要相当的时日。因此,我决定缩小范围,主要以文学典籍注释著作及其注释为研究材料和对象,将题目定为《文学典籍注释基本理论研究》,并以此为题,成功申报了安徽省高校省级人文社科重点研究项目课题。

文学典籍注释的内容十分广泛,从版本、校勘到字词、典故、名物制度,从创作背景、作者生平到思想内容、艺术特色等都是注释的内容,已往的注释研究中,对这些内容都有论述,文献丰富,尤其是对字词的音形义和典故、名物制度等的注释研究更是充分。但这些研究一般多是就某一词语或具体问题的注释进行辨证、考论,主要是个案性的,偏重于实务。鉴于上述关于典籍注释研究理论性、体系性不足的问题,本书力图跳出具体的个案问题研究,从整体上思考注释的发生原因、本质属性、功能价值以及本体结构等问题,以构建一个较为完整的文学典籍注释理论体系为目标追求。

写作具有一定体系性的文学典籍注释基本理论著作,基本路径有两条,一是在大量注释实践的基础上归纳总结,一是根据研究者对注释的理解和把握,进行演绎和建构。前者优点是有可靠的事实依据,但难免会陷于繁琐及事实罗列中;后者利于超越事实、创建体系,但可能生造的痕迹明显,需要经受实践的检验,在实践中不断修正。相比较而言,后者更适合本书的目标定位,因此写作中,主要采取演绎和建构的思路,辅以归纳与总结,数易其稿后,最终定型为本书的结构框架和理论体系。

文学典籍是古代典籍的重要组成部分,与其他类型典籍相比,有诸多共性,但也有其特殊性,所以其注释也是既具有其他典籍注释的共性,又具有"文学"这一类典籍鲜明的个性。基于此,在构建文学典籍注释基本理论体系时,就尽可能一方面尊重典籍注释的共性,同时又努力突出文学典籍注释的个性特点,因此,本书虽然是文学典籍注释基本理论研究,但也具有其他门类典籍注释的共通性。

文学典籍的注释是理论性和实践性都极强的工作,完善的注释理论体系的建立是不可能一蹴而就的,本书是作者近些年来关于文学典籍注释的一些思考和研究的总结,不免显得粗疏和支离,现不揣浅陋予以出版,倘能激发探索与争鸣,有益于文学典籍注释理论研究和注释实践,则实为大幸。

目　录

序 …………………………………………………………〔001〕

前　言 ……………………………………………………〔001〕

绪　论 ……………………………………………………〔001〕

第一章　文学典籍注释发生的根本原因 …………〔007〕

　　第一节　文学典籍注释发生的时间性 …………〔009〕
　　第二节　文学典籍注释发生的时代性 …………〔015〕
　　第三节　文学典籍注释发生根本原因提出的意义 …〔023〕

第二章　文学典籍注释的性质及其内涵 …………〔026〕

　　第一节　文学典籍注释的形式特征 ……………〔026〕
　　第二节　文学典籍注释是一种特殊的传播方式 …〔029〕
　　第三节　文学典籍注释是一种特殊的著述方式 …〔035〕

第三章　文学典籍注释的功能与价值 ……………〔042〕

　　第一节　文学典籍注释的功能 …………………〔043〕
　　第二节　文学典籍注释的价值 …………………〔050〕
　　第三节　文学典籍注释的功能与价值的关系 ……〔054〕

第四章　文学典籍注释的本体结构 ………………〔057〕

　　第一节　文学典籍注释的主体要素 ……………〔058〕
　　第二节　文学典籍注释的对象要素 ……………〔062〕
　　第三节　文学典籍注释的内容要素 ……………〔065〕
　　第四节　文学典籍注释的方法要素 ……………〔077〕

第五节　文学典籍注释的目的要素 …………………〔082〕
　　　第六节　文学典籍注释本体结构要素之间的关系 …〔086〕

第五章　文学典籍的注释原则与注释思想 ………〔088〕
　　　第一节　文学典籍的注释原则 ……………………〔088〕
　　　第二节　文学典籍的注释思想 ……………………〔099〕

第六章　文学典籍注释的客观性与主观性 ………〔112〕
　　　第一节　文学典籍注释客观性与主观性的成因 …〔112〕
　　　第二节　文学典籍注释的客观性 …………………〔117〕
　　　第三节　文学典籍注释的主观性 …………………〔121〕
　　　第四节　文学典籍注释的类型与风格 ……………〔129〕

第七章　文学典籍注释的统一性与层次性 ………〔134〕
　　　第一节　文学典籍注释的统一性 …………………〔134〕
　　　第二节　文学典籍注释的层次性 …………………〔147〕

第八章　文学作品类型与注释路径选择 …………〔152〕
　　　第一节　文学作品的类型 …………………………〔152〕
　　　第二节　作品类型与注释路径选择 ………………〔156〕
　　　第三节　文学作品注释的有效性 …………………〔162〕

第九章　文学典籍注释的传承与创新 ……………〔168〕
　　　第一节　文学典籍传承的现实困境 ………………〔168〕
　　　第二节　文学典籍注释的创新 ……………………〔174〕
　　　第三节　文学典籍注释创新的要求 ………………〔183〕

主要参考文献 ……………………………………………〔186〕

后记 ………………………………………………………〔201〕

绪　论

典籍,《现代汉语词典》的解释是:"记载古代法令、制度的重要文献,泛指古代图书。"①本书关于典籍是取广义的解释,"泛指古代图书"。但古代图书也有重要性之分,因此一般认为,典籍是古代重要的图书或文献,典型的如儒家主要经典"四书"(《大学》《中庸》《论语》《孟子》)和"五经"(《易》《书》《诗》《礼》《春秋》)。历代贤哲不断用自己的思想和智慧辛勤创作,为后代留下了卷帙宏富的各类典籍,经历岁月的淘洗,其中有些典籍不断经典化,跨越时空,成为人们恒久捧读的经典。但由于时空的变异和间阻,后人要顺利读懂、接受古代的典籍,汲取其中的营养,则需要通过专门的注释,于是自汉代以来,历代出现了大量优秀的典籍注释著作,如汉代毛亨的《毛诗诂训传》、赵岐的《孟子章句》,唐代孔颖达等的《五经正义》、李善的《文选注》,宋代朱熹的《诗集传》《四书章句集注》等,到清代更是达到了一个新的高峰,经史子集各类典籍都出现了集成式的注释著作,如刘宝楠的《论语正义》、焦循的《孟子正义》、王先谦的《汉书补注》等等。"注释是为古书(包括旧注)作解释的意思,单称为'注',用作名词,则解释性文辞称注。"②注释的内容十分广泛,类型也颇为繁多,名称有"传""注""笺""说""解"

---

① 中国社会科学院语言研究所词典编辑室:《现代汉语词典》(第6版),北京:商务印书馆,2012年版,第290页。

② 汪耀楠:《注释学纲要》(第二版),北京:语文出版社,1997年版,第1页。

"诂""章句""注疏""笺释"等多种,注释是各种名称的统称①。注释的中心工作是为典籍作解释,但是,为了便于读者准确、全面、深入理解典籍或作品,实践中注者往往还需要认真校勘文本,广泛搜罗与文本相关的资料(如记载作者生平的史料、传记,文本的版本及序跋信息,以及作品的鉴赏评论资料等),甚至还要编纂年谱,进行相关考论,最后以文本为中心,形成一个完整的解读系统——注本,因此,注释工作实际上不限于作解释的范围,而具有很强的综合性和集成性。②

我们认为古代典籍产生的基本方式可分为两种:一是著述,一是注释。著述是作者全新的创作,注释则是注者给前人的作品作注释,其间融进了注者的理解和解释。古代典籍传播的基本方式也可分为两种:一是传抄,一是注释。传抄是通过手抄或刊刻等方式,复制作品或作品集,供读者阅读,扩大了读者范围,但文本总的内容信息量并不增加;注释则是给作品或作品集作注释,帮读者理解,因融进了注者的理解和解释,文本内容信息实现了增殖。综合起来看,注释既是一种重要的著述方式,也是一种重要的传播方式。因此,注释这种现象虽然看起来很平常,但实质上却很重要:注释是专门的学问,是理论和实践的结晶,是沟通作者、文本和读者的桥梁,是连接历史、现实和未来的纽带,在典籍的保存与经典化及文化传承创新中有着重要的意义。

中国古代典籍的注释实践极为发达,历朝历代各类典籍的注本可谓也是卷帙宏富,很多重要的典籍更是被一注再注,如大家熟知的"千家注杜""五百家注韩"现象。有人统计过,汉代

---

① 注释的各种名称、沿革及具体内涵,这里不展开论述,参见汪耀楠《注释学纲要》(第二版,语文出版社,1997年版)、黄亚平《古籍注释学基础》(甘肃教育出版社,1995年版)。

② 为了术语统一,本书把被注释的典籍或作品称为文本,其创作者称为作者,把带有注释者注释的文本称为注本,注释者称为注者(注者是通称,高水平的注者,有时也称为注家,一如作者与作家一样)。

以来,《论语》的注释就有 3000 种之多。因此,典籍的注本数量会远远超出典籍之原典本身。古代典籍注释的实践虽然很发达,优秀的典籍注释著作也是层出不穷,但与之形成鲜明对比的是,对典籍注释理论的研究则自觉性不强,虽不乏关于注释的真知灼见,如孟子所提出的知人论世观点:"颂其诗,读其书,不知其人,可乎?是以论其世也。"但相对于实践,理论研究还是比较薄弱的,古代典籍注释基本上是处于有丰富的注释实践,但没有系统注释理论的状态。

新时期以来,伴随国家对古籍整理的重视和古籍整理的进展,典籍注释的理论研究和理论体系建设也得到了很大的重视,研究者发表了大量注释理论研究文章,出版了多部关于典籍注释的理论著作,其中不少学者更是倡言要建立专门的注释学,希望把分散的成果凝聚成完整的理论体系,从而有效指导注释实践,这些都极大地推进了注释学的发展。此方面的研究文献主要有:许嘉璐《注释学刍议》[1]、汪耀楠《注释学纲要》[2]、靳极苍《应把"注释学"建为一专门学科》[3]、董洪利《古籍的阐释》[4]、黄亚平《古籍注释学基础》[5]、靳极苍《注释学刍议》[6]、黄亚平《建设古籍注释研究理论框架的重要意义》[7]。许嘉璐的长篇文章主要是倡立"注释学",以专门研究给古书作注的原则、方法、规律等问题。汪耀楠的《注释学纲要》是关于古代典籍注释的第一本系统的理论著作,具有开创性和奠基性的意义,该著作从注释的种类、版本选择、文字校勘、句读、释词语、明通

---

[1] 许嘉璐:《注释学刍议》,见《古汉语论集》(第二辑),长沙:湖南教育出版社,1988 年版。

[2] 汪耀楠:《注释学纲要》,北京:语文出版社,1991 年版。

[3] 靳极苍:《应把"注释学"建为一专门学科》,《晋阳学刊》,1991 年第 6 期。

[4] 董洪利:《古籍的阐释》,沈阳:辽宁教育出版社,1993 年版。

[5] 黄亚平:《古籍注释学基础》,兰州:甘肃教育出版社,1995 年版。

[6] 靳极苍:《注释学刍议》,太原:山西人民出版社,2000 年版。

[7] 黄亚平:《建设古籍注释研究理论框架的重要意义》,《古籍整理研究学刊》,2002 年第 3 期。

假、词义注释中的若干问题、今译、章句等方面详细论述了注释学的有关问题。靳极苍《应把"注释学"建为一专门学科》一文明确提出了要把注释学建为一专门学科。董洪利的《古籍的阐释》引入现代阐释学的思想,论述了古籍注释的内容方法、注释目的、注释体式等问题,并对古籍注释"追求愿意说"进行了辩证,该著作思想较新,论述的系统性也较强,把古籍注释学的研究又往前推进了一步。靳极苍《注释学刍议》总结作者的丰富注释实践经验,提出注释的目的、原则和具体方法是:"注释的目的,为读者服务;注释的原则,从作品中找注释的根据;注释的方法,'三体会''三解释''四分析'。"黄亚平《古籍注释学基础》主要对前人的注释进行了类型归纳,对各类旧注注释条例的阐发条理清晰,对注释术语的梳理及规范具有较大的意义。近些年来,特别是在学习借鉴西方的解释学、接受美学理论后,有多位学者自觉地把这些理论与中国典籍注释的实践结合起来,以新的理论、眼光来重新审视传统的注释经验,重构中国特色的典籍注释学,理论意识和理论的体系性进一步增强,如李清良《中国阐释学》[1]、周光庆《中国古典解释学导论》[2]、周裕锴《中国古代阐释学研究》[3]等等。

  以上研究,虽开创了典籍注释学研究的新局面,但整体看来,研究主要还是在对旧注的梳理上,重点内容主要还是在传统训诂学的字词注释方面,研究也较为分散,研究的深度、广度及体系性均还不够,理论体系的建设可以说仍处在发展阶段,注释学的理论体系建设依然任重而道远,诚如有学者指出的:"通观古籍注释的研究现状,可以说'古籍注释学'理论体系的建设尚处在起步阶段,参与讨论的人数不多,取得的成绩也不够大,尤其是对古籍注释学科理论模式的研究,如对注释理据、

---

[1] 李清良:《中国阐释学》,长沙:湖南师范大学出版社,2001年版。
[2] 周光庆:《中国古典解释学导论》,北京:中华书局,2002年版。
[3] 周裕锴:《中国古代阐释学研究》,上海:上海人民出版社,2003年版。

作注手段、学科范围、操作规范、批评标准等问题的探讨,或者尚未触及,或者还没有形成共识。换句话说,目前对古籍注释理论框架的重要性还缺乏足够的认识。"①

注释以文本为纲,为文本解读服务,形式上依托文本,内容上围绕文本展开,此种独特的结构模式和运行方式,具有极强的稳定性和抗干扰性,使古代典籍在历史的风烟中弦歌不断,始终保持血脉的延续和正统。在国家"建设优秀传统文化传承体系,弘扬中华优秀传统文化"的伟大时代使命中,注释应该占有重要地位并发挥更大作用。加强典籍注释工作,建立典籍注释理论,就应对典籍注释有正确的认识和把握,典籍注释何以会发生,其根本原因是什么?典籍注释的本质属性是什么,具有什么样的功能和价值?典籍注释到底涉及哪些结构要素,相互之间的关系又是如何?等等,这些问题都是需要认真思考和回答的。古代的典籍极为丰富,文学典籍是其中重要的一类。自《诗经》产生以来,楚辞、汉赋、唐诗、宋词、元曲、明清小说以及历代之文等,一代有一代之文学,特色鲜明,源远流长,自成体系。从语言文字、历史文化等角度看,文学典籍的注释与其他类型典籍注释有共性,但文学作品言志、缘情,其真实是艺术的真实,表达又极富艺术性与审美性,因此具有更大的阐释空白,这些与经史类典籍之作品相比,又有鲜明的区别。"中国文学典籍有许多流传方式,除了搜罗完备的总集、别集外,最有影响的当是历代出现的各种体式的注释本。因为它们不仅是后代读者读懂、读通文学古籍的津梁,而且还是存储历代对该作品的具体评价乃至一个时代文学时尚、风气、思想的载体,我们要研究古代文学,研究文学发展,就不能不对之高度重视。"②作

---

① 黄亚平:《建设古籍注释研究理论框架的重要意义》,《古籍整理研究学刊》,2002年第3期。

② 费振刚、常森、赵长征等:《中国古代文学要籍精解》,北京:北京大学出版社,2009年版,第1页。

为古代典籍重要组成部分之文学典籍,其注释具有哪些特点和规律,又要遵循哪些基本的注释思想和注释原则?不同类型的文学作品,其注释路径是否相同,如何才能形成鲜明的注释特色呢?时代不断发展,当下的阅读环境发生了深刻的变化,文学典籍的注释又该如何适应时代和读者的需要而不断创新呢?等等,这些问题也是需要认真思考和回答的。

  由于典籍注释工作的特殊性和复杂性,人们对其性质的理解把握尚不够准确,这就在很大程度上影响了典籍注释实践和理论研究的自觉性和积极性。本书在充分尊重典籍注释共性的基础上,又力图深入挖掘文学典籍注释的个性,共性和个性相结合,论述了文学典籍注释发生的根本原因、文学典籍注释的性质及其内涵、文学典籍注释的功能与价值、文学典籍注释的本体结构、文学典籍的注释原则与注释思想、文学典籍注释的客观性与主观性、文学典籍注释的统一性与层次性、文学作品类型与注释路径选择、文学典籍注释的传承与创新九个方面的问题,以试图对文学典籍注释的一些重要问题作出回答,并希望通过努力,构建一个相对完整的文学典籍注释理论体系,以丰富文学典籍注释理论的内涵,推进具有普遍意义的典籍注释学的建立。"文化是民族的血脉,是人民的精神家园。文化自信是更基本、更深层、更持久的力量。中华文化独一无二的理念、智慧、气度、神韵,增添了中国人民和中华民族内心深处的自信和自豪。"①古代典籍是中华优秀传统文化的重要载体,典籍注释对于促进传统文化的创造性转化和创新性发展有重要价值,也希望通过努力,助力中华优秀传统文化的传承与创新,服务于国家的文化建设,增强国家文化软实力。

---

  ① 中办、国办:《关于实施中华优秀传统文化传承发展工程的意见》,http://www.scio.gov.cn/zxbd/wz/Document/1541575/1541575.htm.

第一章 文学典籍注释发生的根本原因[*]

在历史的长河中,历代贤哲创作了大量优秀的典籍,与典籍相伴而行的是历代注家对典籍的不断注释,一部《十三经注疏》就是其中的典型代表。注释在典籍的传承、接受和经典化过程中发挥了极其重要的作用。研究文学典籍注释,构建注释理论体系,首要的问题是要明确为何要给文学典籍作注释,即注释发生的根本原因是什么。只有抓住典籍注释发生的根本原因,才能准确把握注释的规律,由本而末,逐步深入,建立起科学的注释学,从而提高注释的自觉性和注释的价值。

注释何以会发生,似乎是一个不言自明的问题,并不需要刻意去探求,因此,关于典籍注释发生的原因,一般多是从语言文字或历史文化的角度进行分析,专门就此问题进行系统深入论述的很少。陈绂《从注释对原典的超越看语言与文化的关系》一文触及了该问题,该文先列述了先秦以来诸多典籍注释著作对原典超越的事实,然后从语言与文化的关系角度解释了注释对原典产生超越的原因。文章认为,文化对注释的深刻影响来自两方面:一是原典意义本身具有一定的历时性;二是注释者所具有的"自我遭际"在注释中所起的作用。造成这二者的文化原因:不同时代的文化背景使原典意义生发出新的蕴

---

[*] 本章内容曾以《论典籍注释发生的根本原因》为题,发表于《湖北大学学报》2017 年第 1 期,编入本书时内容有所改动和增加。

涵;不同时代的文化背景造就了注释者的认知结构,整体文化及其特质的影响是决定注释对原典产生超越的根本原因之一。① 陈绂从语言与文化的视角解释了注释对原典产生超越的原因,这对于思考典籍注释发生的根本原因有很好的启示意义。但从本书的立意角度看,一方面,陈先生论述的重点是在解释注释何以会超越原典,还不是系统地探究典籍注释发生的根本原因,另一方面,也留下了需要进一步思考和解决的问题,如:原典意义为什么本身就具有一定的历时性?文化及其特质的影响是决定注释对原典产生超越的根本原因之一,那么还有其他方面的根本原因吗?这些原因之间相互关系怎样,又是如何发生作用并规定注释的性质和走向的?

  注释发生的原因可谓纷繁复杂,可以从不同层面、不同角度去进行罗列和解释,但对其根本原因的思索,则需要透过现象看本质,既要层层深入,又要层层概括。在认真分析注释发生的各种外在原因之后,我们认为,典籍注释之所以发生,前提当然是典籍的存在②,但典籍的存在,不等于注释就自然发生,其深层次的最根本原因有二,一是时间性,一是时代性。时间性是注释发生的客观原因,是注释发生的内部基因,决定注释可能发生;时代性是注释发生的主观原因,体现了人的主观能动性,是典籍注释发生的外部环境,决定注释是否发生,时间性和时代性辩证统一,共同作用,使注释由可能走向现实,使典籍获得历史和时代价值,并不断超越原典之意蕴,持续焕发典籍新的生命力。

---

  ① 陈绂:《从注释对原典的超越看语言与文化的关系》,《古汉语研究》,1992年第3期。

  ② 鉴于古代创作和传播的实际,典籍的存在也是一个相对的概念,有的典籍并不是一次性成形的,而是经过不断汇集、刊刻、注释等,文本才逐步定型的,如《诗经》《李太白全集》等。因此我们认为,典籍的存在只是注释的前提,确立文本只是注释工作的重要内容之一,而不是注释发生的根本原因。

第一节　文学典籍注释发生的时间性

时间的流逝是客观的、必然的，在时间面前，一切都会成为历史，文学典籍也不例外。文学典籍产生于特定的历史时期与特定情境，随着时间的流逝、社会的发展，记载典籍的语言文字本身及语言文字所记录的信息内容等，后人就会逐渐陌生，理解和接受起来就会出现障碍和困难，而且时间越是久远，就越是陌生。后代人要顺利读通、读懂前代的典籍，就必须对典籍进行专门的注释，以克服时间的间阻，这就是典籍注释发生的根本原因之一——时间性，时间性是文学典籍注释发生的客观原因。如《论语·八佾篇第三》中"孔子谓季氏，'八佾舞于庭，是可忍也，孰不可忍也？'"一章，其内容在当时应该是大家都熟知的，但对于今天的读者来说，"季氏"是何人，"八佾"是什么样的舞蹈，为什么"八佾舞于庭"，就是"是可忍也，孰不可忍也"？还有，"忍"是否就是现代汉语中"容忍""忍让"类的意思呢？要弄清楚这些，就需要进行专门的注释，对此，杨伯峻《论语译注》进行了详细注释，其注如下：

【注释】㊀季氏——根据《左传》昭公二十五年的记载和《汉书·刘向传》，这季氏可能是指季平子，即季孙意如。据《韩诗外传》，似以为季康子，马融注则以为季桓子，恐皆不足信。㊁八佾——佾音逸，yì。古代舞蹈奏乐，八个人为一行，这一行叫一佾。八佾是八行，八八六十四人，只有天子才能用。诸侯用六佾，即六行，四十八人。大夫用四佾，三十二人。四佾才是季氏所应该用的。㊂忍——一般人把它解为"容忍""忍耐"，不好；因为孔子当时并没有讨伐季氏的条件和意志，而且季平子削弱鲁公室，鲁昭公不能忍，出走到齐，又到晋，终于死在晋国之乾侯。这可能就是孔子所"孰不可忍"的事。《贾子·道术篇》:"恻隐怜人谓之慈,反慈为忍。"这"忍"字正是此意。①

借助注释,读者就明白了,季氏只是大夫,只能用四佾的舞蹈,而其却用了天子才能用的八佾的舞蹈,这就大大僭越了礼制,因此孔子非常愤慨,发出"八佾舞于庭,是可忍也,孰不可忍也"的谴责之声。另外,将"忍"作"反慈为忍"的"狠心"解,该句的主体("是"的指代对象)就变成了季氏,如解作"容忍"的意思,则主体就是别人了,相比较而言,前者表达的谴责意味更强些,更符合当时的实际情况,因而也更好些。显然,通过这样的注释,就很好地克服了因时间流逝造成的阅读障碍,架起了古今沟通的桥梁,从而大大有利于读者对这一章意思的深入理解。

一、时间性造就了注释的空间②

典籍之所以可被注释,是因为有可被注释的空间存在,如果一切都是明确的、确定的,不需要疏通和解释,那典籍也就无需注释了。孔子说:"夏礼吾能言之,杞不足征也。殷礼吾能言之,宋不足征也。文献不足故也。足,则吾能征之矣。"③时间的推移,使后人对前代的事实逐渐陌生,要获知前代的历史真相,就需要有足够的文献来证明,如果没有足够的文献,即如孔子,亦不能征之矣。清代学者戴震说:"盖士生三古后,时之相去千百年之久,视夫地之相隔千百里之远无以异。昔之妇孺闻而辄

---

① 杨伯峻:《论语译注》,北京:中华书局,2009年版,第23页。
② 本书区分注释的空间和注释的空白两个概念,前者是指因为时间流逝的原因,而造成的典籍注释的需要和注释可能性;后者是指文本本身,因为言意关系或艺术表达方式等方面的原因,而造成的解释需要和解释可能性,如诗词、小说等文学作品,即使没有时间的间阻,意义解释方面依然存在空白,会有多种解释。当然,这两者也是相互联系的,有时甚至也难以明确区分。
③ 杨伯峻:《论语译注》,北京:中华书局,2009年版,第26页。

晓者,更经学大师转相讲授,而仍留疑义,则时为之也。"① 时间的远去,让典籍意义逐渐变得不确定,出现多元化、多义化解读结果,甚至"经学大师转相讲授,而仍留疑义"。《论语·八佾篇第三》第十三章:"王孙贾问曰:'与其媚于奥,宁媚于灶,何谓也?'子曰:'不然;获罪于天,无所祷也。'"这一章语言上没有什么难解的地方,字面意义也很明白,但是因为离开了当时的语境,王孙贾与孔子对话的真实意义究竟何在,却颇为费解,杨伯峻《论语译注》列举了多种解释:"王孙贾和孔子的问答都用的比喻,他们的正意何在,我们只能揣想。有人说,奥是一室之主,比喻卫君,又在室内,也可以比喻卫灵公的宠姬南子;灶则是王孙贾自比。这是王孙贾暗示孔子,'你与其巴结卫公或者南子,不如巴结我。'因此孔子答复他:'我若做了坏事,巴结也没有用处;我若不做坏事,谁都不巴结。'又有人说,这不是王孙贾暗示孔子的话,而是请教孔子的话。奥指卫君,灶指南子、弥子瑕,位职虽低,却有权有势。意思是说,'有人告诉我,与其巴结国君,不如巴结有势力的左右像南子、弥子瑕。你以为怎样?'孔子却告诉他:'这话不对;得罪了上天,那无所用其祈祷,巴结谁都不行。'"② 可以看出,正是因为时间的原因,才造就了注释的空间,如果不能恢复当初的对话情境,王孙贾与孔子对话的真实意义究竟是什么,是难以确定的,甚至还可以继续揣想其他意义。

注释的直接对象是典籍之文本,文本产生于特定时代,并在特定时代传播,时移世易,文本产生的社会历史背景、作者的人生历程、文本的存在形态、记载文本的语言文字及语言文字所记录的信息内容等都逐渐陌生化。如中国第一部诗歌总集《诗经》,其是在什么样的时代背景下产生的,每首诗的作者是

---

① 戴震:《〈尔雅文字考〉序》,见《戴震文集》,北京:中华书局,1980年版,第44页。
② 杨伯峻:《论语译注》,北京:中华书局,2009年版,第28页。

谁、创作目的是什么,《诗经》文本是什么时候定型为305首的,语言是何时何地的语言,文字的形体是如何演变的,语言文字记录的信息内容是否古今一样,等等,这些都会成为《诗经》注释的重要内容,特别是其中不确定的内容,注释的空间就更大,一部《诗经》注释了两千多年,仍在注释,"雎鸠"究竟是什么样的鸟,仍在探寻。其实不仅像《诗经》这样时代、作者等不易确定和文本阐释空白比较大的诗歌文体,就是像《论语》这样时代、作者比较确定的口语语体,由于时间的原因,脱离了当初的语境,其注释的空间依然很大。如《论语·学而篇第一》第一章中"子曰:'学而时习之,不亦说乎?'"中"时"和"习"两个词的释义,《论语注疏》引王肃注:"时者,学者以时诵习之。"[①]认为"时"是"以时"之义,"习"是"诵习"之义。朱熹《四书章句集注》之《论语集注》注:"习,鸟数飞也。学之不已,如鸟数飞也。……既学而又时时习之。"[②]认为"时"是"时时"之义,"习"是如鸟数飞之"重习"之义。对此,杨伯峻《论语译注》作了详细辨析:

> "时"字在周秦时候若作副词用,等于《孟子·梁惠王上》"斧斤以时入山林"的"以时","在一定的时候"或者"在适当的时候"的意思。王肃的《论语注》正是这样解释的。朱熹的《论语集注》把它解为"时常",是用后代的词义解释古书。习——一般人把习解为"温习",但在古书中,它还有"实习""演习"的意义,如《礼记·射义》的"习礼乐""习射"。《史记·孔子世家》:"孔子去曹适宋,与弟子习礼大树下。"这一"习"字,更是演习的意思。孔子所讲的功课,一般都和当时的社会生活和政治生活密切结合。像礼(包括各种

---

① 何晏注、邢昺疏:《论语注疏》,见《十三经注疏》,北京:北京大学出版社,2000年版,第1页。

② 朱熹撰、金良年今译:《四书章句集注》,上海:上海古籍出版社,2006年版,第58页。

仪节)、乐(音乐)、射(射箭)、御(驾车)这些,尤其非演习、实习不可。所以这"习"字以讲为实习为好。①

杨注从语言社会性的角度,认为"时"应该是"以时"之义,肯定了王注,批评了朱熹所释之"时时"义"是用后代之词义解释古书"。对于"习",杨注还从社会生活的角度,进一步论证了"习"还有"实习""演习"的意义,提出了新的解释,进一步丰富了"习"的内涵。

更重要的是,以文本为中心,社会背景、作者生平、文本形态、语言文字以及语言文字所记的信息内容几方面是相互联系的,是一个有机整体,注释时,对一方面理解发生变化,其他方面也会随之变化,因此,注释时不仅需要对各个方面的内容进行注释,还要五者互相寻求,使注释在整体上符合语言文字、历史文化等的实际情况和客观的逻辑事理,否则就会自相矛盾,或缺乏说服力。如上述杨伯峻关于"习"的解释,如果没有足够的社会历史文化及语言文字运用等方面的证据,那样的解释就难以让人信服。再如《周南》《召南》诸诗,经学家从儒家诗教的角度认为是歌颂"文王之化""后妃之德"的,因此推定其产生年代是周文王时代,对此,程俊英、蒋见元《诗经注析》提出了批评:"《二南》是西周末、东周初,即周王室东迁前后的作品。历来治《毛诗》的学者说《二南》是西周初年的诗歌,这是因为他们抱有一种偏见,认为《二南》一定是歌颂'文王之化''后妃之德'的,所以固执地要把它的产生上推到周文王的年代。这种胶柱鼓瑟的说法已为后人证明是错误的。"②

二、时间性决定了注释的方向

时间是一维的,只能由古而今、由今而未来,这就决定了注

---

① 杨伯峻:《论语译注》,北京:中华书局,2009年版,第1页。
② 程俊英、蒋见元:《诗经注析》,北京:中华书局,1991年版,第1页。

释发生的方向只能是后代注释前代,以今语释古语,逆向溯源,以追寻文本或作者的原意为目标,尽可能恢复典籍的历史真实面貌。刘勰说:"夫缀文者情动而辞发,观文者披文以入情,沿波讨源,虽幽必显,世远莫见其面,觇文辄见其心。"①这从文学创作(缀文)和赏析(观文)的角度,很好地道出了注释的逆向溯源性特点,是要"披文以入情,沿波讨源",以"显幽""见其心"。清人仇兆鳌在注释杜诗时说道:"是故注杜者必反复沉潜,求其归宿所在,又从而句栉字比之,庶几得作者苦心于千百年之上,恍然如身历其世,面接其人,而慨乎有余悲,悄乎有余思也。"②这从历史的角度,很好地道出了注释的逆时溯源性,要"反复沉潜""句栉字比",进行历史还原,以"得作者苦心于千百年之上",甚而至于"身历其世,面接其人"。

注释的逆时、逆向溯源,本质上是一致的,都是后代注释前代,这对注释的要求是,一方面应遵循时间先后的历史规律,以典籍产生时间之前或至少同时的文献资料来注释典籍(如李善《文选注》经常使用的征引式注释方式),且要符合历史发展的实际;但另一方面,典籍注释毕竟是注者从自身所在的后代时间点来注释的,是溯源性的,因此难免会出现以后代的文献资料来注释前代典籍(如清人王琦、仇兆鳌引用《旧唐书》《新唐书》来注释李白、杜甫的诗歌)、或按后代的实际来理解前代典籍的情况,这时就要求符合历史原则或逻辑事理。如果违反了历史原则或逻辑事理,以今律古、以后证前,处理不好,就会出现疏误,如朱熹《诗集传》,朱子敢于突破儒家诗教观,尽去《小序》,努力还诗歌以本来面目和诗人之本意,这在《诗经》注释史上具有划时代的意义。但是由于语音的演变,《诗经》的诸多篇章在朱熹时代读起来已经不押韵了,而当时学术上尚没有科学地认识到古今语音演变的机理,因此对于应该押韵而不押韵的

---

① 周振甫:《文心雕龙今译》,北京:中华书局,1996年版,第26页。
② 仇兆鳌:《杜诗详注》,北京:中华书局,1979年版,序言。

地方,朱熹就以"叶音"的方式注音,这就不免违背历史原则,犯了以今律古的疏误。再如前文述及的"文献不足故也。足,则吾能征之矣"一句中,"文献"一词的意义就有别于现代汉语的"文献":"《论语》的'文献'和今天所用的'文献'一词的概念有不同之处。《论语》的'文献'包括历代的历史文件和当时的贤者两项(朱注云:'文,典籍也;献,贤也。')。今日'文献'一词只指历史文件而言。"[①]如果不加深究,想当然地将《论语》中的"文献"一词等同于现代汉语中的"文献"一词进行训释,那同样也会出现疏误。

典籍注释发生的时间性原因造就了注释的空间,决定了注释的方向,使注释成为可能,但有可能,不等于注释就自动地发生,注释的发生以及怎样发生还要有时代环境因素的触发。更重要的是,一切历史都是当代史,"从价值论的角度来说,只有与现实的人、与人的生活实践活动相关的时间,才具有建设性、构成性的价值意义"[②]。因此还需要以"现实的人""人的生活实践"为参照,来思考、分析注释的时代价值和意义。

第二节 文学典籍注释发生的时代性

时代在发展,思想文化观念不断更新,科学技术不断进步,不同时代对古代文学典籍的理解和价值判断是不同的,特别是思想文化观念以及艺术审美等方面,甚至还有巨大的差异。对于文学典籍注释来说,选择什么典籍进行注释、怎样注释以及注释的目的等,这都是有其鲜明的时代价值取向的。朱熹在其集注的《诗集传》序里说道:

或有问予曰、诗何为而作也。予应之曰、人生而

---

① 杨伯峻:《论语译注》,北京:中华书局,2009年版,第26页。
② 孙伟平:《价值与时间》,《哲学研究》,2007年第7期。

静、天之性也。感于物而动、性之欲也。夫既有欲矣、则不能无思。既有思矣、则不能无言。既有言矣、则言之所不能尽、而发于咨嗟咏叹之余者、必有自然之音响节族（音奏）而不能已焉。此诗之所以作也。曰、然则其所以教者何也。曰、诗者、人心之感物而形于言之余也。心之所感而邪正、故言之所形有是非。惟圣人在上、则其所感者无不正、而其言皆足以为教。其或感之之杂、而所发不能无可择者、则上之人必思所以自反、而因有以劝惩之。是亦所以为教也。昔周盛之时、上自郊庙朝廷而下达于乡党闾巷、其言粹然无不出于正者、圣人固已协之声律、而用之乡人、用之邦国、以化天下。至于列国之诗、则天子巡狩、亦必陈而观之、以行黜陟之典。降自昭穆而后、浸以陵夷。至于东迁、而遂废不讲矣。孔子生于其时、既不得位、无以行劝惩黜陟之政、于是特举其籍而讨论之、去其重复、正其纷乱、而其善之不足以为法、恶之不足以为戒者、则亦刊而去之、以从简约、示久远、使夫学者即是而有以考其得失、善者师之而恶者改焉。是以其政虽不足以行于一时、而其教实被于万世、是则诗之所以为教者然也。曰、然则国风雅颂之体、其不同若是、何也。曰、吾闻之、凡诗之所谓风者、多出于里巷歌谣之作、所谓男女相与咏歌、各言其情者也。惟周南召南亲被文王之化以成德、而人皆有以得其性情之正、故其发于言者、乐而不过于淫、哀而不及于伤、是以二篇独为风诗之正经。自邶而下、则其国之治乱不同、人之贤否亦异。其所感而发者、有邪正是非之不齐、而所谓先王之风者、于此焉变矣。若夫雅颂之篇、则皆成周之世、朝廷郊庙乐歌之辞、其语和而庄、其义宽而密、其作者往往圣人之徒、固所以为万世法程而不可易者也。至于雅之变者、亦皆一时贤人君子、闵时病俗之所为、而圣人取之、其忠厚恻怛之心、陈善闭邪之意、尤非后世能言之士所能及之。此诗之为经、所以人事浃于下、天道备于上、而无一理之不具也。曰、然则其学之也当奈何。曰、本之二南以求其端、参之列国以尽其变、正之于雅以大其规、和之于颂以要其止、此学诗之大旨也。于是乎章句以纲之、训诂以纪之、讽咏以昌之、涵濡以体之、察之性情隐微之间、审之言行枢机之始、则修身及家、平均天下之道、其亦不待他求而得之于此矣。问者唯唯而退、余时方辑诗传、因悉次是语以冠其篇云。①

这篇序言中,朱熹采用主客问答的方式,从其理学思想出发,非常精练地阐述了其诗学观:诗何为而作,其所以教者何,并具体论述了风雅颂的不同性质及思想内容,最后指出其之所以集注《诗经》(章句以纲之、训诂以纪之、讽咏以昌之、涵濡以体之、察之性情隐微之间、审之言行枢机之始)的目的是:"本之二南以求其端、参之列国以尽其变、正之于雅以大其规、和之于颂以要其止、此学诗之大旨也。……则修身及家、平均天下之道、其亦不待他求而得之于此矣。"可见,朱熹注释《诗经》是有其鲜明的时代特色与价值取向的,就是要揭发《诗经》中蕴涵的"人事""天道",以"行劝惩黜陟之政",希望读者通过阅读,不待他求而得"修身及家、平均天下之道"。可以说,是时代性赋予典籍以意义的,否则古代典籍就真的成了古代典籍。

一、时代性提供了注释发生的条件

古代典籍记载、反映了历代先贤和文人雅士对社会、人生和自然等的思考、认识与情感,"今天人们的价值生活实践,既

---

① 朱熹:《〈诗集传〉序》,见《诗集传》,北京:中华书局,1958年版。

承续着历史的记忆和传统,受益于并受制于人类积累式的社会遗传,又明显地指向未来理想世界的设计与创造"①。对于后代人来说,虽然古代典籍已经成为历史,但因其"社会遗传"性,却连接着过去、现在和未来,既"承续着历史的记忆和传统",又"指向未来理想世界的设计与创造"。孔子曰:"小子何莫学夫诗?诗,可以兴,可以观,可以群,可以怨。迩之事父,远之事君;多识于鸟兽草木之名。"②后之视今,亦犹今之视昔,一如孔子指出的学诗的重要意义一样,古代典籍对于后人来说具有重要的学习价值,因此,就需要阅读古代典籍,对古代典籍进行认真的注释。一方面从先哲那里学习、继承思想文化、艺术审美等方面的智慧和成果,古为今用;另一方面,也需以古为鉴,从前代的失败和挫折中汲取经验教训,避免重蹈覆辙。无疑,是时代的现实需要触发了注释的发生。历史上文化昌明的时代,其注释实践也必然发达,如唐代,孔颖达主持编定的《五经正义》、司马贞的《史记索隐》与张守节的《史记正义》、李善及吕延济等的《六臣注文选》都达到了经学、史学和文学注释方面的一个高峰。许嘉璐非常精辟地指出:"综观自汉至清,注释之业四起四落,无不是时代使然:社会提出需要,促进注释工作的发展,形成其时代的特色,而注释工作又反过来对当时的文化以及学术风尚起了推动扇扬的作用。"③

个人的命运与时代息息相关,时代的特点往往通过个人命运来呈现,个人的人生浮沉往往是时代的缩影。明末王嗣奭,43岁始遍阅杜诗,年80岁撰成在杜诗学史有重要意义的《杜臆》。在明中叶求"本心"重"性灵"的文学观影响下,王嗣奭开始关注的是杜诗的"性情之真",但明朝灭亡的沉痛,使其"因诗

---

① 孙伟平:《价值与时间》,《哲学研究》,2007年第7期。
② 杨伯峻:《论语译注》,北京:中华书局,2009年版,第183页。
③ 许嘉璐:《注释学刍议》,见《古汉语论集》(第二辑),长沙:湖南教育出版社,1988年版,第134页。

悟道",转而关注杜诗的经世致用和思想伦理。"王嗣奭的这种转变,事实上包涵着易代之际复杂的历史变迁的背景,其中包括王朝的更迭,学术思潮的演化以及士人生态与心态的改变"①。这种异代悲歌式的注释,又何尝不是注者的命运与心声。钱谦益之《钱注杜诗》不仅掀起了清代杜诗注释的高潮,甚至开创了整个清代的诗歌注释,影响很大。钱注杜诗最鲜明的特色是以史证诗和以古喻今、寄寓自己的心事。钱谦益通过考辨史实,来笺释杜诗的内容,特别是其"最为得意的《冬日洛城北谒玄元皇帝庙》《洗兵马》《承闻河北诸道节度入朝欢喜口号绝句》《诸将五首》等笺注,皆一反旧说,认为是对玄、肃、代三君失道的讥讽,均结合唐史阐明诗意,道前人所未道,发前人所未发,实为杜诗学的拨乱反正,功劳不可低估"②。如其中《冬日洛城北谒玄元皇帝庙》一诗,钱谦益的注释如下:

> 笺曰:配极四句,言玄元庙用宗庙之礼,为不经也。碧瓦四句,讥其宫殿逾制也。"世家遗旧史",谓《史记》不列于《世家》,开元中敕升为《列传》之首,然不能升至于《世家》,盖微词也。"道德付今王",谓玄宗亲注《道德经》及置崇玄学,然未必知道德之意,亦微词也。画手以下,记吴生画图,冕旒旌旆,炫耀耳目,为近于儿戏也。老子五千言,其要在清静无为。理国立身,是故身退则周衰,经传则汉盛。即令不死,亦当藏名养拙,安肯凭人降形,为妖为神,以博世主之崇奉也。身退以下四句,一篇讽喻之义,总见于此。③

---

① 张家壮:《回归与超越:〈杜臆〉与"以意逆志"法》,《福州大学学报》,2008年第1期。
② 裴世俊:《杜诗学史中的〈钱注杜诗〉——钱谦益笺注杜诗的缘起》,《聊城大学学报》,2002年第1期。
③ 杜甫著、钱谦益笺注:《钱注杜诗》,上海:上海古籍出版社,1958年版,第278页。

钱氏命途多舛,深于以史证诗,实则是借注诗以明心曲,曲折地表达对帝王的不满和讥讽,借他人酒杯浇自己之块垒。杜甫"一饭未尝忘君",诗称"诗史",钱谦益之所以倾注极大的热诚和心血来笺注杜诗,是与其生活于明清异代之际人生曲折遭遇和隐微的心理状态密切相关的。

二、时代性决定了注释的价值存在

不同时代,社会思潮、思想文化、艺术审美以及科学技术等都在不断发生变化,不同时代有不同时代的需要,不同时代有不同时代的特色。时代性不但决定了典籍注释的古为今用、以古为鉴的社会目的,触发注释的发生,更决定了"用"什么、"鉴"什么,是时代性具体决定了典籍注释的价值存在。如杜诗,自中唐白居易注重从道德伦理的角度阐述杜甫诗歌对政治的作用、晚唐注重从杜诗与社会历史密切联系的角度阐述其"诗史"的价值,到北宋进一步探求其诗歌与作者本人生活经历关联的"知子美"解释等,杜诗的解释史"不但逐步揭示出杜诗本身的丰富内涵,同时也在不同时代以多种方式反映了解释者对他们的处境和他们自己的理解"[①]。正如潘德荣所指出的:"诠释经典的实质,并非仅仅局限于知识论意义上的'知',更重要的是在于通过诠释,阐发作为万物化生、个人行为准则与社会生活规范之'道'或'理',质而言之,通经明道,明道致用。"[②]

按照西方解释学的观点,任何理解和解释都是有前见的,是解释者立足于自己所处的时代,通过古今视域融合实现的。对于注释来说,注者所处时代的思想文化、艺术审美等观念通过"述而不作"的方式,润物无声地融注于时间性所造就的注释空间里,实现古为今用、以古为鉴的注释目的,甚至达到托古改

---

① 谢思炜:《杜诗解释史概述》,《文学遗产》,1991 年第 3 期。
② 潘德荣:《经典与诠释——论朱熹的诠释思想》,《中国社会科学》,2002 年第 1 期。

制和六经注我的比较激进的著述效果。正是通过注释这种方式,使古代典籍之精神意蕴随时代发展而时时维新,不断现代化,不断获得时代价值和意义。这里再以《论语·学而篇第一》第一章中"子曰:'学而时习之,不亦说乎'"的注释为例作一说明。"学而时习之",学什么、习什么?这是文本注释中的空白,《论语注疏》引王肃注:"诵习以时,学无废业,所以为说怿。"①其认为"学"和"习"的是"学业"。而朱熹《四书章句集注》之《论语集注》注:"学之言为效也。人性皆善,而觉有先后,后觉者必效先觉之所为,乃可以明善而复其初也。"②朱熹认为"人性皆善",不同的只是"觉有先后",学则"可以明善而复其初",这里,朱熹从自己的理学思想体系出发,超越了"学业"的理解,而把"学"和"习"的对象具体化为"善",赋予了文本以新的内涵和意义。这从《论语·学而篇第一》篇首的朱熹笺语中更可以明显地看出来,朱子曰:"此为书之首篇,故所记多务本之意,乃入道之门、积德之基、学者之先务也。"③正如学界所称扬的,朱熹正是依托《四书章句集注》,既巧妙地传达了自己所理解的"道"与"德",也使《四书》获得了全新的时代价值,从而对后代哲学思想产生了深远的影响。

  以上分析了文学典籍注释发生的时间性和时代性这两个根本原因,时间性要求注释进行历史还原,以恢复典籍的历史本来面貌,再现作者的真实创作意图;而时代性则要求注释阐发典籍的时代价值,除了再现,还要深入发掘,甚至是赋予典籍以新的时代内涵。时间性和时代性矛盾统一,在对立和斗争中,产生动力和张力,共同催生并制约典籍注释的发生和走向。

---

  ① 何晏注、邢昺疏:《论语注疏》,见《十三经注疏》,北京:北京大学出版社,2000年版,第1—2页。
  ② 朱熹撰、金良年今译:《四书章句集注》,上海:上海古籍出版社,2006年版,第58页。
  ③ 朱熹撰、金良年今译:《四书章句集注》,上海:上海古籍出版社,2006年版,第58页。

朱熹说:"人之为学,也是难。若不从文字上做工夫,又茫然不知下手处;若是字字而求,句句而论,不于身心上着切体认,则又无所益。"①这一段话虽浅显,但是却极好地道出了时间性和时代性矛盾统一的关系:语言文字是进入典籍的可靠道途,因此"若不从文字上做工夫",则客观性差,易失其"真(真实)";但"若是字字而求,句句而论,不于身心上着切体认",则"又无所益",终失其"值(价值与意义)"。因此典籍注释既要求真,又要求值,过分求真则僵,过分求值则伪,不同时代、不同注者需要在"真"和"值"的矛盾之间找准平衡点。

综上,由时间性和时代性决定的文学典籍注释发生的动态生成机制可图示如下:

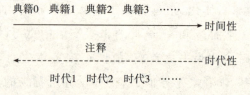

图1 文学典籍注释发生根本原因与生成机制

一、图中实线箭头表示时间的顺向绵延,虚线箭头表示典籍注释的逆向溯源。在不同的时代性(时代1、时代2、时代3)要求触发下,以复原典籍的初始状态(典籍0)为旨归,对典籍进行注释,在注释中,不断返本归原,从而不断形成新的典籍样态(典籍1、典籍2、典籍3),不同时代在继承和扬弃中,不断推进典籍的经典化②。

二、典籍之所以成为经典,前提固然是典籍自身所具有的独特的思想、历史、艺术等方面的存在价值,但典籍毕竟是静态

---

① 朱熹撰、黎靖德编:《朱子语类》(第2册),北京:中华书局,1994年版,第435页。

② 典籍样态不仅指典籍的形式部分,也包括典籍的意义,从典籍注释发生的根本原因和生成机制的角度看,典籍样态并不是静止的,而是一个不断推陈出新的连续统。同样,同一经典,不同时代内涵实质上是不一样的,也可谓是一个时代有一个时代之经典。

的、历史的,其价值和意义不会自己显现,没有时代的选择和意义阐发,典籍不会自然经典化;另一方面,即使有时代需要,但没有时间的距离和经历时间之检验,典籍也难以成为经典。时间性和时代性共同作用,形成经典的生成机制,只要时间在绵延,时代有需要,典籍的注释就会一直进行下去,新的典籍样态就会不断生成。

第三节　文学典籍注释发生根本原因提出的意义

尽管文学典籍注释发生的表面原因很多,但归根结底,深层次的根本原因就是时间性和时代性两点,其他原因都是从这两个根本原因上派生出来的原因。时间性和时代性之根本原因的提出对于文学典籍注释有重要的意义,主要表现在以下两个方面:

一、准确认识典籍及其注释的性质

典籍产生于历史的某一时期,承载了当时及之前人类的理论和实践成果,而典籍的生命价值则只有在当下的需要中才能激发,才能向未来延续,否则就是历史的陈迹、遗迹,因而典籍是历史的,更是现实的。尽管中国古代的典籍浩如烟海,但如果不进行积极有效的整理、注释,实现古为今用,其意义和价值依然只能是潜在的,或是属于历史的,因此必须进一步加强古代典籍的整理、注释工作,使之不断时代化。

典籍要获得新的时代意义,就必须不断进行注释,在注释中不断超越,由静而动,推陈出新,使之永葆生机。注释绝不是简单地疏通和解释工作,更是典籍存在和生长的重要方式,"问渠那得清如许,为有源头活水来",典籍的意义和生命不仅本源于典籍自身,也来源于历代注释之活水。立足中华优秀传统文化,培育和弘扬社会主义核心价值观,就必须加强对典籍的注释工作,提高注释的自觉性,一方面要充分再现、挖掘、阐发典籍中富有时代意义的精神内核,另一方面要把富有时代意义的内容合理地融入典籍的注释空间中,赋予典籍以崭新的时代风貌。

二、促进注释学理论体系的建构

与对典籍所作的各种形式的鉴赏、评点与批评相比,典籍注释这种形式一个极其重要的、无法替代的特点就是其集成性:注释时,一方面可充分继承和弘扬历代的各类笺释、评论成果,另一方面又可把这些成果落实到典籍内容的方方面面,以典籍文本为中心,熔铸成一个完整的生态体系,最后定型化为注释著作(注本)。可以说,一部优秀的典籍注本(如朱熹的《四书章句集注》《诗集传》等)本身就是典籍的生命存在和文本样态,既是前代的总成,也是当代的创造,更是后代阅读、批评的基础。要探寻历史本真,就需阅读原典,但试想,如果没有注本之津梁,有多少人能跨越时空而能真正领悟原典;即使退一步说能领悟原典,那所领悟的也是单薄的,是没有历史的厚重感的。[①] 近些年来典籍注释学的研究很受重视,进展很快,尤其是在运用西方解释学理论研究典籍注释方面开创了新的局面,但是要建立一套符合中国典籍注释实践的注释理论体系,尚需继续努力。因此,认识到典籍注释发生的根本原因,就可抓住根本,由源而流,进一步思考典籍注释的功能与价值、注释的本体结构、注释的思想与原则、注释的传承与创新以及不同类型、不同学科典籍注释的特殊性等问题,再结合中国丰富的注释实践,从而建立起具有中华民族特色的注释学理论体系。

典籍注释中有很多问题一直在争论,而得不到较好的解释,如到底是"我注六经",还是"六经注我"?各有其合理性,但

[①] 在继承和弘扬中华优秀传统文化的过程中,诸多专家学者都倡导读原典,这毫无疑问是必需的,但根据典籍注释发生的时间性和时代性之根本原因,我们认为,仅注重阅读原典是不够的,还需要注重对原典作高质量、富有时代意义的阐发。

也各有其片面性。从我们提出的文学典籍注释发生的时间性和时代性之根本原因角度看,这两者只是视点不一样,"我注六经"视点主在过去,重在追求历史的真实;"六经注我"视点主在现在,重在寻求当下的价值。相比较而言,"我注六经"潜在遵循的主要是时间规律,客观性更强些;"六经注我"潜在遵循的主要是时代规律,主观性更强些①。这两者本质上是一致的,都是力图克服时间的间阻、阐扬典籍的时代价值,其实谁都不能回到真实的历史,更不是定论和历史的终结。

  文学典籍是传统文化的重要载体,其中有精华,亦有糟粕,有的内容是显性的,有的则是隐性的,习近平同志指出:"对传统文化中适合于调理社会关系和鼓励人们向上向善的内容,我们要结合时代条件加以继承和发扬,赋予其新的涵义。"②文学典籍注释发生的时间性和时代性之根本原因,造就了典籍注释的空间,决定了典籍注释的价值,在当前的文化建设中,既要充分遵循典籍注释发生的时间性规律,尊重典籍的历史,追求历史的真实,又要充分遵循典籍注释发生的时代性规律,高扬主体精神,阐发典籍的时代意义,在时间性和时代性的辩证统一中,多学科交叉融合,通过注释,实现古代典籍中"向上向善"内容的继承和创造性转化。囿于真实历史的追寻,缺乏时代的指向性,僵化保守的注释其价值是有限的;强调个人主观性,脱离历史真实,炫富猎奇,这样的注释在历史中着色,同样也会在历史中褪色。

---

  ① 学术史上的"汉学""宋学"之争,根据我们的认识,其实也是时间性和时代性原因造成的。"汉学"主在遵循时间性规律,追求客观性,因此治学上重在字词训诂和考据性的实证;"宋学"则主在遵循时代性规律,为我所用,弘扬主观性,因此治学上重在义理的阐发。两者代表两种模式,各有长短,但走到极端,就会物极必反,因此历史上"汉学""宋学"之学风呈现交替进展的情况。

  ② 习近平:《在纪念孔子诞辰2565周年国际学术研讨会暨国际儒学联合会第五届会员大会开幕会上的讲话》,http://news.xinhuanet.com/politics/2014-09/24/c_1112612018.htm.

第二章　文学典籍注释的性质及其内涵[*]

中国古代文学典籍极为丰富,是中华优秀传统文化的重要载体,文学典籍注释对于促进传统文化的创造性转化和创新性发展有重要意义。但因为注释主要是给业已存在的典籍作注释,形式上依附于文本,内容上为解读典籍服务,使人误认为注释是件稀松平常的事,并没有什么特殊的价值,也没有什么创造性可言,人人皆可以为之。事实上,如上一章所论述的,文学典籍注释发生的根本原因是时间性和时代性,注释既要克服时间的间阻,又要实现典籍的时代价值,使典籍永葆生命力,因此,注释并非简单的解释,表面上看似平常,其性质却非常特殊和复杂。但由于文学典籍注释的特殊性和复杂性是隐性的,目前人们对其性质的认识和理解尚不够准确,这在很大程度上影响了文学典籍注释实践和理论研究的积极性和自觉性。加强文学典籍注释工作,建立典籍注释理论,应重新审视文学典籍注释,由表及里,准确把握文学典籍注释的性质及其内涵,以更好促进中华优秀传统文化的传承与创新。

第一节　文学典籍注释的形式特征

文学典籍注释主要是对已经存在的典籍文本进行疏通和

---

[*] 本章关于典籍注释的性质问题曾以《试论典籍注释的性质》为题,发表于《古籍整理研究学刊》2016 年第 6 期,编入本书时内容有所改动和增加。

解释,以帮助后代读者阅读和理解,文本是第一位的,是主,注释则是第二位的,是辅,因此,文学典籍注释在形式上最明显的一个特征就是注释依附于文本而行①。纵观中国古代注释史,虽然注释的名称、内容、方法、体例等不断在变革,但形式上注释依附文本而行则是基本不变的,即便有时候注后再注或疏,但其依然是辅助性的。如《毛诗正义》之《邶风·静女》篇第一句的注释如下:

> 静女其姝,俟我于城隅。静,贞静也。女德贞静而有法度,乃可说也。姝,美色也。俟,待也。城隅,以言高而不可逾。笺云:女德贞静,然后可畜;美色,然后可安。又能服从,待礼而动,自防如城隅,故可爱也。○姝,赤朱反,《说文》作"妹",云"好也"。说音悦,篇末注同。②

这一段中,"静女其姝,俟我于城隅"是正文,之后都是对其的注释,其中"静,贞静也……不可逾"是汉毛亨的传,对这一句的四个词进行了解释;"女德贞静……故可爱也"是汉郑玄的笺,对句意进一步进行了解释;"○姝……篇末注同"是唐孔颖达的疏,对正文的"姝"和毛传中"说"进行了注音和补释。虽然传、笺、疏层层进行注释,但可以明显地看出,这些注释都是以正文

---

① 尽管有时文本与注释分开,如在南宋前存在经与注、疏各单行的情况,但注释依附于文本、对其进行解释这一点依然是不变的。王泗原在《楚辞校释》中指出:"经对传而言,经是今语的'正文','传'是今语的'解说'。……最初的传之类都另外成书,分别叫经叫传,是适应需要。经传并看,对照着翻检不便利。后人想出更进步的方法,经传拆开来,传对应地附在经后,又用那字分大小,行分单双,格分高低的种种方法来区别。"(王泗原:《楚辞校释》,北京:中华书局,2014年版,第9—10页。)可见,注释依附于文本而行有其独特的优越性和发展的必然性,但有的著作已经脱离原文本制约,几乎接近于新创,如解释《春秋》的"春秋三传",本文则认为不是专门的注释之作。

② 毛亨传、郑玄笺、孔颖达疏:《毛诗正义》,见《十三经注疏》,北京:北京大学出版社,2000年版,第204页。

为纲,在形式上是依附正文的。再看今人程俊英、蒋见元《诗经注析》对该句的注:

> 静女其姝,俟我于城隅。爱而不见,搔首踟蹰。
> 静,靖的假借字,善。马瑞辰《通释》:"郑诗'莫不静好',《大雅》'笾豆静嘉',皆以静为靖之假借。此诗静女亦当读靖,谓善女。"姝,美好貌。其姝,等于姝姝。《韩诗》说:"姝姝然美也。"鲁、齐《诗》姝作妪,亦作袾,皆三家异文。①
> ……

通过比较可以看出,尽管注释的内容不完全一样,对"静"的意义及其本字的理解也不相同,但是注释为文本解读服务,形式上依附于文本这一点仍然不变。

文本体现了圣贤之旨和作者之意,相对于注释,具有无上的权威。注释传统中,对原文是很敬畏的,须忠实于原文,保持典籍的原貌,在典籍的传抄和翻刻过程中,有时原文的文字难免会出现错讹或衍脱等情况,但在校注中径改原文则被视为古籍整理的大忌,即使原文有明显的错讹,一般也不宜于径改,而应以出注的方式标明,对于擅自改动原文的行为,往往会受到学者们的诟病。如《论语·季氏篇第十六》第一章中这一段话:"丘也闻有国有家者,不患寡而患不均,不患贫而患不安。盖均无贫,和无寡,安无倾。"杨伯峻依据俞樾之说注曰:"不患寡而患不均,不患贫而患不安——当作'不患贫而患不均,不患寡而患不安','贫'和'均'是从财富着眼,下文'均无贫'可以为证;'寡'和'安'是从人民着眼,下文'和无寡'可以为证。说详俞樾《群经平议》。"根据上下文和文意,很明显,"不患寡而患不均,不患贫而患不安"一句文本中"寡""贫"有误,应该分别作"贫"

---

① 程俊英、蒋见元:《诗经注析》,北京:中华书局,1991年版,第115—116页。

"寡",但是杨伯峻在译注时没有径改原文,只是在原文"寡"和"贫"后分别用小号字体注明"当作贫""当作寡",再于文后注释中予以说明。① 另外,有些重要的典籍,不同时代的人会一注再注,如《诗经》的毛传、郑笺、孔疏等,但在注释实践中,古人也恪守"疏不破注"的原则,认为去古未远、离原文时代越近的注越接近于作者的本意,这在很大程度上,也是文本中心地位在注释中的反映。

因为注释依附于文本这一形式上的特征,这就在很大程度遮蔽了对注释本质属性的思考和探索,很容易让人以为注释的目的就是为古书作解释,而忽视了注释表象背后其性质的特殊性,从而也影响了对文学典籍注释工作的重视和对注释成果的正确评价。我们认为,文学典籍注释是有明确的价值取向和强烈的创造性的,本质上既是一种特殊的传播方式,更是一种特殊的著述方式。

第二节 文学典籍注释是一种特殊的传播方式

典籍注释可以沟通古今,实现信息的历时传播并在传播中使信息不断增值。对于典籍注释的传意性质、行为构成及特点等②,杜敏作了较为充分而深入的研究。杜敏认为,典籍注释是注者运用书面语进行的单向性一度转换传意或二度转换传意的行为。注释行为包括作者、注释者、注本读者三个基本构成单位,由典籍作者、典籍文本、注者、注释文本、注本读者、语言文字、传意环境 7 个要素构成。典籍注释具有传意行为的异时

---

① 杨伯峻:《论语译注》,北京:中华书局,2009 年版,第 170—172 页。

② 杜敏从语言学角度出发,对典籍注释信息传播的性质使用"传意"一词来指称,不使用"传播"。本书主要从文化传承创新的角度思考文学典籍注释基本理论问题,出发点与归宿不完全一样,因此倾向于使用"传播"这一术语。

性、沟通性、复杂性、传意方式的转换性、所传信息的多样性以及语种单一性、行为主动性等特点。① 在杜敏论述的基础上,我们认为,文学典籍注释发生的客观原因是为消除因时间流逝而产生的理解和接受的障碍,文学典籍注释性质根本上是一种异时性的历时传播,具体内涵表现为传播的溯源性和累进性,其他特点是因此性质而发生的。

一、文学典籍注释传播的溯源性

"信而好古"的崇圣、尊古文化是中华传统文化的重要特征,典籍注释被认为是传圣贤之意、代圣贤立言的重要方式,给文本注释就要进行追根溯源,"准确"传达出作者的原意或本意,因此,虽然在实际传播方向方面,信息是随着时间由古而今顺向向后传播的,但典籍注释的动机和目标却是要溯其流而讨其源,信息正是在这个溯源的过程中得以不断地传播。在给《诗经》作注时,程俊英、蒋见元二位在序言中明确表示:"我们的愿望,是想恢复《诗经》的客观存在和本来面目。拨开经学的雾翳,弹却《毛序》蒙上的灰尘,揩清后世各时代追加的油彩,她的面容是能够豁然显露的。"② 可以看出,程、蒋二位先生注释《诗经》的目标是要"恢复《诗经》的客观存在和本来面目"。如《邶风·静女》一诗的诗旨,其注释是:

> 这是一首男女约会的诗。欧阳修《诗本义》:"《静女》一诗,本是情诗。"可谓一语中的。《毛序》:"《静女》,刺时也。卫君无道,夫人无德。"朱熹《诗序辩说》云:"此《序》全然不是诗意。"批评得很对。但他又说"此淫奔期会之诗",却充满了腐朽的道学气,总不及欧阳永叔说得明白贴切。③

---

① 杜敏:《论典籍注释的传意性》,《北京大学学报》,2005年第4期。
② 程俊英、蒋见元:《诗经注析》,北京:中华书局,1991年版,序言第1页。
③ 程俊英、蒋见元:《诗经注析》,北京:中华书局,1991年版,第115页。

从今天看来,程、蒋二位先生认为《静女》一诗应是"一首男女约会的诗",其实,不仅《诗经注析》,《毛序》《诗本义》《诗序辩说》主观上实际也都是在追根求源,试图传达出作者的原意,恢复《诗经》的真容。正是在这样不断溯源性的注释中,《诗经》的思想和艺术内涵不断丰富并得以持续传播,从而深刻影响和塑造了中国的传统文化和艺术审美观念。

虽然注释的动机和目标是要追求作者之原意,但注者毕竟是从自己所处的时代出发来进行注释的,因此客观上是无论如何也无法真正实现历史还原的,但就是在追求原意这一目标下,后代的思想观念、审美情趣(如《诗序》的儒家诗教观、朱熹的理学观以及欧阳修和现代人的文学观)等不断附着于文本之上,不断"追加油彩",从而成为原意的一个组成部分。通过不断注释,尤其是经由大家的注释,文本的隐微意蕴不断被挖掘、思想艺术层次不断被升华,从而不断经典化,成为经典。因此,从传播学的角度看,文学典籍注释这种传播方式与一般的文学、影视以及文学评论、批评等传播是有质的区别的,其传播是一种依附于文本、较为隐蔽的具有逆向与逆时特征的溯源性传播。

二、文学典籍注释传播的累进性

文学典籍注释传播的累进性是指不同时代的注释(包括对"原文"和"注"所作的"疏")不断附着于原文之上,在信息不断层积的过程中,文本与注释一起顺时向后代传播,后代的注释者则可以从前代的注释中吸收营养,不断实现超越,接力式地再使文本内涵、意义不断增值,而且这种累进性传播是开放性的,只要社会在发展,这种传播就会一直进行下去。如一部《诗经》,几千年来注者代不乏人,其中卓然大家者也有数十人,如汉代的毛亨传、郑玄笺,唐代孔颖达等人的疏和正义,宋代朱熹的集注,以及清代段玉裁、陈奂、马瑞辰、胡承珙的传疏等。另外,文学史上为人称道的"千家注杜""五百家注韩"等也是这种累进性传播的典型反映。

当然,累进性传播不是简单的信息量的增加,而是随着社会的发展,更是在思想、学术等方面不断批判、继承和发展创新的过程,如曾被奉为经的《诗》,随着时代的前进、文学观念的更新,其"经夫妇、成孝敬、厚人伦、美教化、移风俗"的教化功能逐渐褪去,现代人已不再以经学的眼光来看待,而是以文学艺术的眼光来鉴赏它了。再如《邶风·静女》一诗,程俊英、蒋见元二位拨开经学诗旨——"刺时也。卫君无道,夫人无德"——的雾翳后,而以"男女约会的诗"来看待,其所作的鉴赏是:

> 诗以男子的口吻写幽期密约的乐趣,语言浅显,形象生动,气氛欢快,情趣盎然。"爱而不见",暗写少女活泼娇憨之态,"搔首踟蹰",明塑男子心急如焚之状,描摹入神;"悦怿女美",一语双关,富于感情色彩;"匪女之为美,美人之贻",情意缠绵,刻画心理细腻入微,道出人与物的关系,是从人与人的关系投射出来的真理。总的说,此诗以人人所能之言,道人人难表之情,自然生动,一片天籁。李梦阳引王叔武语曰:"真诗乃在民间。"以此诗诠之,诚非虚论。后世唯民歌俗谣,遣词道情,尚能得其仿佛,求诸文人集中,传神之作,不可多得。①

以上主要从文本意义的角度阐述了注释的逆向溯源性传播和顺向累进性传播的特质,其实,不仅仅是文本的意义问题,从作者生平到创作背景、从确立文本到注释文本、从思想内容到艺术形式等等,举凡注释所涉及的内容,实际上也都具有逆向溯源性和顺向累进性传播的性质,限于篇幅,不一一展开论述。

杜敏认为:"从典籍注释传意行为的信息流向看,注释行为

---

① 程俊英、蒋见元:《诗经注析》,北京:中华书局,1991年版,第115页。

是一种单向性的传意行为。一般的言语传意行为是一种双向式互动传意,交际者可以进行信息的互馈。但典籍注释传意则与之不同。从文本作者到注释者存在着时代的差异,所以这一环节的传意是单向的。"①

杜敏从共时的一般言语交际传意行为的角度看,认为典籍注释是一种单向性的传意行为,综合上述分析,从历时的角度看,我们则认为典籍注释信息传播是双向性的,既是逆时的溯源性传播,又是顺向的累进性传播,两者相互交织,辩证地统一成一个整体。其相互关系可简要图示如下:

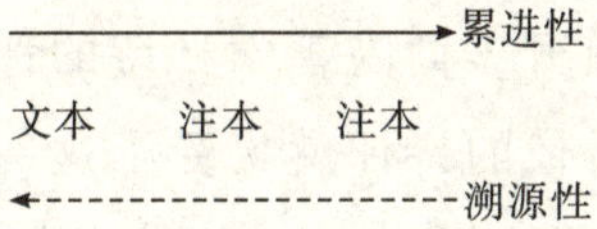

```
        ──────────────────────→ 累进性
  文本      注本      注本
        ←── ── ── ── ── ── ── 溯源性
```

图 2　文学典籍注释的溯源性与累进性传播

图示中,下面的虚线箭头表示逆时的溯源性传播,是隐性的,上面的实线箭头表示顺时的累进性传播,是显性的,两者互为因果,共同促成文学典籍注释传播功能的实现。如李商隐的诗歌,刘学锴指出:"在中国文学史的大作家行列中,李商隐是非常特殊的存在。这不仅指举凡杰出作家都具有的独特艺术内容、形式、风貌与个性,而且是指超越乎其上的更加特殊的东西。例如他那种不以'不师孔氏为非'的思想(见《樊南文集·元结文集后序》),发乎情而不大止乎礼仪、极端感伤缠绵而执着的感情,都带有明显偏离封建礼教、诗教的倾向。特别是他那种既具有古典诗的精纯又颇具现代色彩的象征诗风,和朦胧迷离、如梦如幻的诗境,更明显逸出中国古典诗发展的常轨,成为前无古人、后乏来者的独特诗国景观。这种超常的特质,导致了长期以来人们对他的诗感受、理解、把握、评价的不一致、不确定,乃至相矛盾、相对立,形成了古典文学研究中少有的

---

① 杜敏:《论典籍注释的传意性》,《北京大学学报》,2005 年第 4 期。

'李商隐现象'。"①唐末五代时，李涪批评李商隐"无一言经国，无纤意奖善，唯呈章句"（李涪《刊误·释怪》），韦庄编选《又玄集》、韦縠编选《才调集》，主要是欣赏其诗风的绮艳②，这样的评价和选择影响了后面很长时间人们对李商隐诗的负面接受。直到宋代，王安石特别推重李商隐诗，以为善学老杜，《蔡宽夫诗话》记载："王荆公晚年亦喜称义山诗，以为唐人知学老杜，而得其藩篱，唯义山一人而已。每诵其'雪岭未归天外使，松州犹驻殿前军''永忆江湖归白发，欲回天地入扁舟'与'池光不受月，暮气欲沉山''江海三年客，乾坤百战场'之类，虽老杜无以过也。"③自王安石首开李商隐善学杜诗的评论，成为这方面的"第一读者"以来，后代的诗评就接受了这一新的观点，以为李商隐诗具有杜诗的精神和特色。清人冯浩在当时学术风气的影响下，在笺注杜诗时也认同了这一观点，他在《笺注·发凡》中说道："论义山诗，每云善学老杜，固已。然以杜学杜，必不善学杜也。义山远追汉魏，近仿六朝，而后诣力所成，直于浣花翁可称具体，细玩全集自见，毋专以七律为言。其终不如杜者，十之三学为之，十之七时为之也。"④但同时也可以明显看出，冯浩虽认同李商隐善学杜诗，但由于时代的不同，他也认识到李商隐诗又有不同于杜诗的地方。正是在这种诗学观的指导下，冯浩在笺注李商隐诗时一方面很注意吸收和继承前人关于其"学杜"的评价，如《异俗二首》，冯笺："田曰：'声格似杜，不必于工处求之。'"《二月二日》，冯笺："何曰：'此等诗神似老杜处，在作

---

① 刘学锴：《李商隐诗歌接受史》，合肥：安徽大学出版社，2004年版，弁言。
② 刘学锴：《李商隐诗歌接受史》，合肥：安徽大学出版社，2004年版，第12—14页。
③ 胡仔纂集、廖德明校点：《苕溪渔隐丛话》（前集），北京：人民文学出版社，1962年版，第146页。
④ 冯浩：《玉溪生诗笺注·发凡》，见《玉溪生诗集笺注》，上海：上海古籍出版社，1998年版，第822页。

用不在气体也。同一江上行也,耳目所接,万物皆春,不觉引动归思,及忆归未归,则江上滩声顿有凄凉风雨之意,字字化工。'"另一方面,又根据自己的理解,对李商隐学杜之处进行申发或作新的发明,如《今月二日不自量度辄以诗一首四十韵……咏叹不足之义也》,冯笺:"钱曰:'二诗以全力赴之者也。庄重典雅,不减少陵,而变化不逮。才之不可强如是。'浩曰:'逐句细笺,方知左宜右有,才力博大。'"《送千牛李将军赴阙五十韵》,冯笺:"田曰:'跳动激发,笔驱风云,人拟义山于少陵,于此信之。'浩曰:'此章在洛阳作。……'又曰:'语皆核实,字尽精湛,大气鼓荡,运重若轻。窃意追叙太繁,未免贪使才耳。'"《行次西郊作一百韵》,冯笺:"浩曰:'朴拙盘郁,拟之杜公《北征》,面貌不同,波澜莫二。'"通过以上关于李商隐诗善学杜诗的揭发和注释,可以看出,一方面,在逆向追本溯源的注释中,李商隐诗新的艺术特色与思想内容不断得以发明,与之同时,另一方面又在顺向的累进性注释中,信息得以不断累积、不断增值,最终在逆向溯源性和顺向累进性的注释过程中,实现了李商隐诗歌的历时传播和异代接受。

对于文学典籍注释传播这一特殊的性质,如果做一比喻,典籍注释的传播不同于河流的单向流动:由源而流,不断流淌,在流淌的过程中汇聚众水,甚至泥沙、杂物;而更像是一棵树的生长:随着社会环境的变化,不断地进行注释,文本这一棵树就不断累进性往上生长,变得枝繁叶茂,同时也溯源往下生长,变得根深干壮,在吐故纳新的过程中,文学典籍不断长高、长大,成为经典,更在不断注释中生机勃发、生意盎然。因此,可以说是注释使古代文学典籍由静而动、由死而活,持续焕发出生命力,虽历久而弥新。

第三节 文学典籍注释是一种特殊的著述方式

中国古代的著述方式基本上可以归为两种,一类是创作,一类是注释。创作是作者的新创,作品以前不存在,作者的认识、观点、情感等通过新创的作品显性地、独立地表达出来,因此创作是一种著述方式是没有什么争议的,创作的作品也就理所当然地被视为著作。由于注释是给已经存在的文本作注,注者的认识、观点和情感等是依附于文本隐性地表达出来的,因此一般的理解是注释算不上是一种著述,注本也很难算是学术或科研成果。①

中国传统文化崇尚"述而不作",于古有征的见解和主张往往更容易得到理解和支持,更容易得到认同和信奉,注释这种方式具有明显的"述而不作"的特征,但祖述前贤,并不是简单地传声和复述。清人齐召南在王琦辑注《李太白全集》序中说:"注古人书,虑闻见不博也,尤虑其识不精。既博且精,又虑心偶不虚不公,知有疑勿缺,有误亦曲为解。"②陈绂在考察了历代诸多典籍的注释后指出,"认真分析注释的内容和特点,我们不难发现,无论是萌芽状态的解释性著作,还是附于原典之下的'双行小注',都不是对原典的丝毫不差的翻译,而是在解说的过程中自觉不自觉地超越了原典。"③创作艰难,"吟安一个字,捻断数茎须",字字得来皆是血,同样,一部高质量的注释著作,也需要注者倾注大量的心血,甚至毕生的精力,成玄英自述其注《庄子》曰:"玄英不揆庸昧,少而习焉,研精覃思三十年矣。依子玄所注三十篇,辄为疏解,总三十卷。"④"朱熹从三十余岁开始收集资料,编写成《四书》的《精义》《要义》,四十八岁完成

---

① 如李裕民指出:"近来古籍整理有速度放慢的趋势,尤其是高水平的书。这与不少单位政策有关,某些领导认为古籍整理不算研究成果,评职称不予计算。(李裕民《古籍整理如何适应现代化需要》,中华古籍网,http://www.guji.cn/web/c_000000110028/d_8088.htm.)

② 齐召南:《李太白集辑注序》,见《李太白全集》,北京:中华书局,1977年版,第1681页。

③ 陈绂:《从注释对原典的超越看语言与文化的关系》,《古汉语研究》,1992年第3期。

④ 成玄英:《庄子序》,见《庄子集释》,北京:中华书局,2002年版,第8页。

《四书集注》初稿。此后不断修改,直到临死前一天还在修改《中庸章句》。如此呕心沥血,其主要目的就是将《四书》纳入他的理学思想轨道中来。"①可见,注古人书,辛劳和汗水自不必说,还需要见博识精,心虚而公,更需要立足于时代,以意逆志,掘幽发微,不断超越,创造性地工作,因此注释有理由也应该被认作是著述。② 只是与创作相比较,典籍注释这种著述方式其内涵在理解和表达方面具有限制性和间接性的特殊性。

一、文学典籍注释是限制性著述

文本的第一性、注释的第二性决定了注释要受制于文本,举凡语言文字、名物制度、历史典故以及作品的思想内容和艺术审美等的理解都要符合文本(及作者)的实际,注者的博见、精识、创造都要限制在文本所许可的范围内,都要经得起历史和事实的检验。清人杭世骏的一段话很好地说明了注释的限制性著述的性质:"作者不易,笺疏家尤难,何也?作者以才为主,而辅之以学,兴到笔随,第抽其平日之腹笥,而纵横曼衍,以极其所至,不必沾沾獭祭也。为之笺与疏者,必语语核其指归,而意象乃明;必字字还其根据,而证佐乃确。才不必言,夫必有十倍于作者之卷轴,而后可以从事焉。空陋者固不足以与乎此,粗疏者尤未可以轻试也。"③注释,不同于创作可以不受约束,纵横曼

---

① 费振刚、常森、赵长征等:《中国古代文学要籍精解》,北京:北京大学出版社,2009年版,第91页。据邓艾民《朱熹与朱子语类》,朱熹生于宋高宗建炎四年(一一三〇年),宋宁宗庆元六年(一二〇〇年)死于建阳,享年七十一岁。(邓艾民:《朱熹与朱子语类》,见《朱子语类》(第1册),北京:中华书局,1994年版,第1页。)

② 杨伯峻在注释《论语》"述而不作,信而好古"一句时特指出:"作,好古——下文第二十八章说:'盖有不知而作之者,我无是也。'这个'作',大概也是'不知而作'的涵义,很难说孔子的学说中没有创造性。"(杨伯峻:《论语译注》,北京:中华书局,2009年版,第65页。)

③ 杭世骏:《李太白全集序》,见《李太白全集》,北京:中华书局,1977年版,第1683页。

衍,而必须"语语核其指归""字字还其根据",注者才与学的展现都要受制于文本,只能间接体现、渗透于注释中。因此"空陋者固不足以与乎此,粗疏者尤未可以轻试也"。这里以清人王琦对李白《清平调词三首》的第二首的注释为例,作一说明:

李白《清平调词三首》的第二首是:"一枝红艳露凝香,云雨巫山枉断肠。借问汉宫谁得似,可怜飞燕倚新妆。"因为诗中运用了"巫山云雨"和"汉宫飞燕"之典,元萧士赟解曰:

> 传者谓高力士指摘"飞燕"之事,以激怒贵妃。予谓使力士知书,则"云雨巫山"不尤甚乎?《高唐赋·序》谓神女尝荐先王之枕席矣,后序又曰襄王复梦遇焉。此云"枉断肠"者,亦讥贵妃为寿王妃,使寿王而未能忘情,是"枉断肠"矣。诗人比事引兴,深切著明,特读者以为常事而忽之耳。①

"巫山云雨"和"汉宫飞燕"之典具有多义性,萧氏以为李白运用此典意在讽刺寿王未能忘情而枉断肠,对此,王琦从诗作的背景、典故的含义及解诗方法等方面对萧氏的注进行了批评,王氏注曰:

> 琦按:力士之谮恶矣,萧氏所解则尤甚。而揆之太白起草之时,则安有是哉!巫山云雨、汉宫飞燕,唐人用之已为数见不鲜之典实。若如二子之说,巫山一事只可以喻聚麀之艳冶,飞燕一事只可以喻微贱之宫娃,外此皆非所宜言,何三唐诸子初不以此为忌耶?……而词人学士,品骘诗文于数百载之下,亦效为巧词曲解以拟议前人辞外之旨,不亦异乎!②

李白《清平调词三首》为承旨奉召之作,意在颂扬贵妃之美。第

---

① 王琦:《李太白全集》,北京:中华书局,1977年版,第305—306页。
② 王琦:《李太白全集》,北京:中华书局,1977年版,第306页。

二首的"云雨巫山枉断肠"和"可怜飞燕倚新妆"运用了反衬的手法,意思是,与杨贵妃之美相比,"旦为行云,暮为行雨"的巫山之神女只能是"枉断肠",汉宫的赵飞燕也只有依靠"新妆"才能"得似"。相较于萧氏脱离语境与文本"巧词曲解以拟议前人辞外之旨"之注,王琦注提出了新的解读,表达了自己独到的见解,明显进了一步,更符合诗作的实际。

二、文学典籍注释是间接性著述

注释是沟通作者、文本和读者的桥梁,是一种"转换传意行为",注释不仅要准确地理解文本,还要以恰当的方式创造性地表达出来,但这种表达又要受制于注释的体例,因而注释是一种间接的表达,这一点明显有别于一空依傍的独立创作和专门性的研究。李商隐诗歌以风格绮艳、用典繁富著称,李商隐研究专家刘学锴认为李商隐诗"除了典丽精工型的作品之外,还有一大批质量相当高的、遍及各种诗体的以白描为主要特征的佳作"。对此刘先生撰写了《白描胜境话玉溪》长文专门进行了论述,统计了李商隐白描诗的数量、结合诗作分析了这类诗的特点,并解释了这类诗在义山创作中的意义及不被重视的原因。① 该文是专论,见解可以独立、直接地表达出来,但如果是注释,则需要很好地剪裁,依托原文,以间接的方式表达出来。如李商隐《落花》一诗②,刘学锴、余恕诚《李商隐诗歌集解》的注释是:

> 借落花以寓慨身世,此常调耳。本篇妙在处处紧密结合作者身世之感,以惜花伤春者之眼光、心情写落花,使落花与伤落花者浑然一体。首联以高阁客去为小园花飞作衬,画出寂寥冷落景象,"竟""乱"二字曲传惜花者心绪之怅惘纷乱。颔联以写落花动态为

---

① 刘学锴:《白描胜境话玉溪》,《文学遗产》,2003年第4期。
② 《落花》:"高阁客竟去,小园花乱飞。参差连曲陌,迢递送斜晖。肠断未忍扫,眼穿仍欲稀。芳心向春尽,所得是沾衣。"

主,而"连曲陌"见飞红在惜花者心目中飘洒弥漫之广,"送斜晖"传达出诗人目睹斜阳落花倍加伤感。腹联以写惜花者心情为主,而花之委地、依枝情状仿佛可见。末联总收,将落花与具落花身世之作者合而为一。全篇纯用白描,无一典故藻饰,而落花与惜花者之神情全出。①

这里,注者在"白描"式地串讲诗意的基础上,最后点出本诗的艺术特色:"纯用白描,无一典故藻饰。"注释风格与诗歌特色浑然一体,不露痕迹地、艺术性地表达了注者新的见解和主张。许嘉璐将注释的要求分为基本要求、较高要求和最高要求三个层次,"基本要求是准确,简明,通俗。注释永远应该做到不失原书词、句、篇的基本含义,行文不拖沓,同时又适合读者的接受能力"。"注释较高的要求应该是通过简短的注释再现或暗示出原文所要表达的言外之意与所包含着的状貌神情。""形式与内容的统一,并由此进而形成注释者的与时代的风格,这是对注释工作的最高要求。"②这极为精辟地概括了注释这种著述方式的间接性特点及其层次性,前述刘、余二位先生的注释形式与内容高度统一,既准确传达了原作的言外之意,又彰显了注者与时代的风格,可谓达到了最高的要求。

注释的限制性和间接性也是辩证地统一在一起的,一方面,理解上注释既要受制于文本,又要超越文本,另一面,表达上注释既要尊重文本,又要彰显注者(及时代)的风格,也即既要戴着镣铐,又要跳出有个人和时代特色的最美的舞蹈。因此,注释这种特殊的著述方式,具有较好的约束性和稳定性,一方面能有效防止解释中的违背原意或过度阐释,另一方面又不

---

① 刘学锴、余恕诚:《李商隐诗歌集解》(增订重排本),北京:中华书局,2004年版,第556页。

② 许嘉璐:《注释学刍议》,见《古汉语论集》(第二辑),长沙:湖南教育出版社,1988年版,第130—134页。

妨碍注者的创造和个性,以"十三经"注释为代表的经史子集各类文献的历代注释,对于中华文化的稳定、延续和生长是功不可没的。相对于约束性弱些的各种形式的文学评论、批评,以及演义、新编甚至戏说、恶搞等,文学典籍注释无疑具有一种难以替代的、极强的稳定、抗衡和矫正的作用。

习近平同志指出:"不忘历史才能开辟未来,善于继承才能善于创新。优秀传统文化是一个国家、一个民族传承和发展的根本,如果丢掉了,就割断了精神命脉。我们要善于把弘扬优秀传统文化和发展现实文化有机统一起来,紧密结合起来,在继承中发展,在发展中继承。"① 古代文学典籍中蕴涵丰富的优秀传统文化,注释是古籍整理的核心工作,对于创造性转化和创新性发展中华优秀传统文化有重要意义。要有效继承和弘扬中华优秀传统文化,就迫切需要进一步加强文学典籍注释及理论的研究工作。

文学典籍注释是一项要求极高的工作,注者既需要有多学科渊博而深厚的知识和学养,还需要对注释对象有持续和精深的研究,才能著述出比原作更优秀的注释著作。"给古籍作全面的注释,是比研究评论更为艰巨的课题"②,只有充分认识到注释绝不是简单地为古书作注释,而更是一种特殊的传播方式和著述方式,才能切实提高文学典籍注释实践和理论研究的自觉性和创造性,从而把弘扬中华优秀传统文化和发展现实文化有机统一起来,真正实现在继承中发展,在发展中继承。

---

① 习近平:《在纪念孔子诞辰 2565 周年国际学术研讨会暨国际儒学联合会第五届会员大会开幕会上的讲话》,http://news.xinhuanet.com/politics/2014-09/24/c_1112612018.htm.

② 程毅中:《21 世纪古籍整理的前瞻》,http://www.guji.cn/web/c_000000110005/d_8085.htm.

第三章　文学典籍注释的功能与价值*

典籍注释在古籍整理与文化传承创新中意义重大,注释的功用和意义问题是注释学研究所关注的一个重要问题,对此,不少学者都以翔实的例证进行了论述,深入推进了该问题的研究,也引起了大家对注释实践的重视。如汪耀楠《注释学纲要》从注释实践和注释理论两方面概括了注释的功用,实践方面主要是排除阅读古书时在语言文字、史实名物、文言句法、写作背景诸方面的障碍,理论方面主要是指导古籍整理和古典文献教学。① 曲静涛《注释的历史作用》专文论述了注释在保存诠释文献、辨别史实真伪、语言沟通、辑佚存异及阐释学术思想几方面的作用。② 整体看来,目前的研究方法主要是总结和归纳,虽然各方面内容基本都有所涉及,但多是列举性的,理论的系统性不强,方法论的意义也不甚突出。

文学典籍注释发生的根本原因是时间性和时代性,时间的流逝,造就了典籍注释的空间,使注释发生成为可能,时代的需要,决定了典籍注释的价值存在,催生文学典籍的注释成为现实,使文学典籍获得时代意义。基于此,本章从文学典籍注释

---

* 本章内容曾以《论文学典籍注释的功能与价值》为题,发表于《渭南师范学院学报》2016年第15期,编入本书时内容有所改动和增加。

① 汪耀楠:《注释学纲要》(第二版),北京:语文出版社,1997年版,第13—30页。

② 曲静涛:《注释的历史作用》,《中国索引》,2014年第1期。

发生的时间性和时代性这两个根本原因出发,相应地把注释的意义区分为注释的功能与注释的价值两方面,并探讨两者的具体表现及其相互关系,力图在已有研究的基础上形成较为系统的理论框架,以深化注释学的研究。

第一节 文学典籍注释的功能

文学典籍是历史上产生的,随着时间的远去,在传播过程中,典籍文本的样态就会不断发生变化,记载典籍的语言文字也在不断演变,语言文字所记录的信息内容后代人也会逐渐陌生,因此,后代人要读懂、学习、继承前代的文学典籍,就需要对前代的文学典籍进行专门的注释,以架起古今以及与未来沟通的桥梁。概括起来,文学典籍注释的功能主要表现为文本功能、疏通功能、文献功能几方面。

一、文本功能

文学典籍注释的直接对象是典籍文本,注释服务于文本并依附文本而行,文本是典籍注释存在和发生的前提,没有文本,注释也就无从谈起。但由于受古代科技文化条件的限制,加之作品在创作、流传、结集以及传抄、刊刻过程中种种特殊的原因,实际上很多古代典籍的文本样态极为复杂,并不是"定型的""确定的"。"诗文集非出手定,为后人所辑录者,往往次序凌猎,读者不得寻迹相证,以窥其旨,于是乎有编年。摘藻遣词,字有来历,校正讹舛,必详其源,于是乎有笺注。"[①]所以尽最大可能恢复文本的历史真实面貌、确立待注释的典籍文本就是文学典籍注释中一项极为重要的基础性工作。

综合起来看,古代文学典籍的文本呈现出两种基本样态:

---

① 夏静观:《东坡乐府笺·序》,见《苏轼词编年校注》,北京:中华书局,2007年版,第1065页。

一是文本的定型是一个长期、复杂的过程,作品搜集与定型过程中往往会有多种不同的文本类型;二是即使是同一底本,不同时间刊刻或传抄的版本也往往较多,且版本之间也会存在一定的差异,如异文、衍脱、错讹等。以李白诗文为例,王琦辑注太白诗文时说:"太白诗文,当天宝之末,尝命魏万集录,遭乱尽失去。及将终,取草稿手授其族叔阳冰俾令为序者,乃得之时人所传录,于生平著述,仅存十之一二而已。"①可见,太白诗文的文本并不是其亲自结撰的完整文本,其手授的草稿于其生平著述只是"仅存十之一二",而且还是"得之时人所传录"。继李阳冰所录《草堂集》,后人不断收集、增益太白诗文,宋乐史编《李翰林集》《李翰林别集》,后宋敏求又广收逸稿,最后纂成《李太白全集》三十卷,才稍成传世之全本。版本方面,以宋氏本为底本,宋代有苏本、蜀本、当涂本,然至王琦时"今则渐已销亡,不能复见"。在传世元萧士赟刻本的基础上,后又代有刻本,但历代不同刻本内容有增删、文字有舛异,甚至有赝作掺入。太白诗文的文本样态如此之复杂,乃至王琦感叹"真者不能尽传,传者又未必皆真"②。注释文学典籍,基础而重要的工作就是要广泛搜罗典籍的各种文本资料,并对作家作品做认真细致的甄伪、校勘以及辑佚等方面的工作,以恢复文本的实际情况和本来面目。李白诗文,通过南宋杨齐贤、元萧士赟、明胡震亨几位前后相继的注释,至清代,王琦又绍续前贤,竭半生之力,广泛搜罗、潜心笺注太白诗文,终使所辑注《李太白全集》成为李白

---

① 王琦:《李太白全集·跋》,见《李太白全集》,北京:中华书局,1977年版,第1687页。
② 王琦:《李太白全集·跋》,见《李太白全集》,北京:中华书局,1977年版,第1687—1692页。

诗文中完备的注本①,这样,就很好地"恢复"了太白诗文的历史真实面貌,确立了较为完备的太白诗文文本。今人在笺释李白诗文时,这一注本都是重要的文本依据,如瞿蜕园、朱金诚《李白集校注》②,安旗、薛天纬等《李白全集编年注释》③都是以王琦辑注《李太白全集》为底本,参校其他各本的。

二、疏通功能

因为历史发展的原因,后代人在阅读前代文学典籍时,对作者及作品的创作背景等往往不甚熟悉,在语言文字、名物典故、历史文化等方面也会存在一定的阅读障碍,因此注释时就要从当下的语境及读者的视角出发,对文学典籍的创作背景、语言文字、名物典故等进行说明和解释,以扫除阅读障碍,疏通文本。程毅中指出,"对基本古籍进行深加工,除了校点之外,还要做会注和新注的工作。古籍对于我们,不仅有语言文字的障碍,而且还有许多历史、文化和名物典故等问题,需要通过新的注释,才能全面了解。对于今后的读者来说,更需要注释作为桥梁。"④《诗经·周南》中《桃夭》这首诗⑤,用春天鲜润的桃花的美来比喻新娘子的美,以桃树的开花、结果等,渲染了婚姻生活的美满幸福,全诗极富诗情画意与生活情味,但要准确理解与鉴赏,对其中的一些关键字词就要进行专门的注释,如"于

---

① 当然,学术研究是不断进步的,今人詹锳《李白全集校注汇释集评》认为王琦对太白诗和赋的注所据的底本是杨齐贤、萧士赟的《分类补注李太白诗》,他没有看到更为优越的宋蜀刻本,而且其所据的《分类补注李太白诗》也不是元朝原刻本。(詹锳:《李白全集校注汇释集评》,天津:百花文艺出版社,1996年版,第20—22页。)

② 瞿蜕园、朱金诚:《李白集校注》,上海:上海古籍出版社,1980年版。

③ 安旗、薛天纬等:《李白全集编年注释》,成都:巴蜀书社,1990年版。

④ 程毅中:《21世纪古籍整理的前瞻》,http://www.guji.cn/web/c_000000110005/d_8085.htm.

⑤ 《桃夭》:"桃之夭夭,灼灼其华。之子于归,宜其室家。桃之夭夭,有蕡其实。之子于归,宜其家室。桃之夭夭,其叶蓁蓁。之子于归,宜其家人。"

归""室家"等,对此,程俊英、蒋见元《诗经注析》进行了详细的注释:

> 于归,古代女子出嫁称为于归,或单称归,是往归夫家的意思。《毛传》:"于,往也。"陈奂《传疏》:"于读为於。《采蘩》《燕燕传》皆云:'于,於也。'於者,自此之彼之词。自此之彼谓之於,又谓之往,则'於'与'往'同义,亦'于'与'往'同义矣。"有人认为于和曰、聿通,是语助词,亦通。①

> 室家,指配偶、夫妻。《孟子》:"丈夫生而愿为之有室,女子生而愿为之有家。"《左传》恒公十八年:"女有家,男有室。"《礼记·曲礼》:"三十曰壮,有室。"郑注:"有室,有妻也。"《国语·齐语》:"罢女(罢同疲,疲女指品德不好的女子)无家。"韦注:"夫称家也。"这句是祝愿新娘善处她的夫妻关系。②

"于归"的"出嫁"义现代汉语中已经不用了,"室家"在《诗经》中是"室"和"家"并列的短语,男为"室",女为"家",今天虽然还使用"家室"一词,但其是一个偏义复词,是指男性的家庭或妻子("男有室"),通过注释,明确了词语的意思,也就很好地疏通了文义,从而帮助读者顺利地读懂、欣赏诗歌。

李白的名篇《蜀道难》,多处运用神话传说与历史典故,如第二段:"蚕丛及鱼凫,开国何茫然。尔来四万八千岁,不与秦塞通人烟。西当太白有鸟道,可以横绝峨眉巅。地崩山摧壮士死,然后天梯石栈相钩连。"其中"蚕丛及鱼凫,开国何茫然""地崩山摧壮士死,然后天梯石栈相钩连"就运用了蜀王开国和五丁开山的典故,若不细加注释,不但赏析诗歌艺术困难,就是理解起来也不易。对此,王琦引用相关典籍详加注释:

---

① 程俊英、蒋见元:《诗经注析》,北京:中华书局,1991年版,第16页。
② 程俊英、蒋见元:《诗经注析》,北京:中华书局,1991年版,第17页。

> 刘逵《三都赋注》：扬雄《蜀王本纪》曰：蜀王之先，名蚕丛、柏灌、鱼凫、蒲泽、开明。是时人民椎髻咙言，不晓文字，未有礼乐。从开明上至蚕丛，积三万四千岁。《华阳国志》：蜀侯蚕丛，其目纵，始称王。死作石棺、石椁，国人从之，故俗以石棺椁为纵目人冢。次王曰柏灌，次王曰鱼凫。鱼凫田于湔山，忽得仙道，蜀人思之，为立祠。①
>
> 《华阳国志》：秦惠王知蜀王好色，许嫁五女于蜀。蜀遣五丁迎之，还到梓潼，见一大蛇入穴中，一人揽其尾掣之，不禁，至五人相助，大呼拽蛇，山崩时，压杀五人及秦五女并将从，而山分为五岭。②

显然，这样一注释，不但能让读者较好地理解这两句诗的意思，还能让读者一开篇就领略到蜀国及蜀道的诡异与神秘，从而产生进一步阅读的兴致。

疏通文本也是文学典籍注释中非常重要的工作，内容涉及方方面面，从语言文字到名物制度、历史典故，从创作背景到思想内容、艺术特色，从布局谋篇到写作手法，举凡作品内外会给读者阅读、理解造成障碍的地方，都需要进行疏通和解释，因此疏通功能可以说是文学典籍注释最基础也是最重要的功能。

三、文献功能

文学典籍注释，特别是对一些重要的典籍，不同时代往往前后承继、递相注释，形成一个绵延不绝而又层次分明的注释连续统，如《诗经》《楚辞》的历代注释。这个连续统以典籍文本为中心，既具有内容的集注性，又具有历史的纵深性，不仅非常系统、完整地保存了典籍文本及其注释的资料，也较好地呈现

---

① 王琦：《李太白全集》，北京：中华书局，1977年版，第162页。
② 王琦：《李太白全集》，北京：中华书局，1977年版，第163页。

了各时代语言文字演变、历史文化变迁、文学艺术观念更新等方面的资料,从而成为研究作家作品、语言文字和历史文化、文艺思潮诸方面的珍贵文献。像在中国传统文化中占有核心地位的经书及其注释,代代相承,与时俱进,其意义和价值自不待说,诗文等文学作品,亦是薪火相传。如上述李白的诗文,杨、萧、胡、王四家注,就是研究李白诗文思想艺术和语言文字等方面极为重要的文献资料,不难想象,如果没有这些集中的注释连续统文献,大诗人李白的历史形象也会是断裂的、平面的。相反,正是有了这些珍贵文献,后人就可以在此基础上继续进行研究。瞿蜕园、朱金诚《李白集校注》在四家注基础上,"并旁搜唐、宋以来有关诗话、笔记、考证资料以及近人研究成果"[1],詹锳鉴于王琦注、瞿蜕园与朱金诚注、安注本及郁贤皓《李白选集》注所收诗的评语较少的情况,《李白全集校注汇释集评》更进一步扩大范围,收集了自宋以来各家对李白诗所作的评语,有的还是从海外孤本中录取的,以集评的体例附于诗后。[2] 仇兆鳌在其《杜诗详注》凡例中指出:"历代注杜。宋元以来,注家不下数百。如分类千家注所列姓氏尚百有五十人。其载入注中者,亦止十数家耳。其所未采者,尚有洪迈之《随笔》,叶梦得之《诗话》,罗大经之《玉露》,王应麟之《困学记闻》,刘克庄、楼钥之文集。元时全注杜诗者,则有俞浙之《举隅》,七律则有张性之《演义》,五律则有赵汸之《选注》。明初有单复之《读杜愚得》,嘉靖间有邵宝之《集注》,张绖之《杜通》《杜古》及《七律本义》。他若天台谢省之《古律选注》、山东颜廷榘之《七律意笺》、关中王维桢之《杜律颇解》、海宁周甸之《会通杜释》、闽人邵傅之《五律集解》、楚中刘逴之《类选》、华亭唐汝询之《诗解》,各有

---

[1] 瞿蜕园、朱金诚:《李白集校注》,上海:上海古籍出版社,1980年版,凡例2页。

[2] 詹锳:《李白全集校注汇释集评》,天津:百花文艺出版社,1996年版,第28页。

所长。其最有发明者,莫如王嗣奭之《杜臆》。而王道俊之《博议》、郑侯升之《卮言》、杨德周之《类注》,俱有辩论证据,今备采编中。"①仇兆鳌"前后用了二十多年时间,几经增补,搜集了大量资料,为研究杜诗提供了方便,至今还不失为阅读杜诗的一种基本参考资料"②。可见,这样在继承前人注释的基础上接力式注释,不但使注释资料更加丰富、全面,具有厚重的历史感,更重要的是使作家的作品成为系统、完整的文献或典籍,成为再学习、再研究的对象。

当然,注释的类型、方式很多,不仅以文学典籍为中心的注释连续统成为珍贵的文献资料,而且文学典籍注释中也还较好地保留了其他方面的文献资料。注释以文本为中心,为文本解读服务,具有极强的整合和吸附力,事实上,举凡与文本解读有关的文献资料都可以被集成到一起,形成一个比较完整的文本生态,如上述仇兆鳌《杜诗详注》,不仅"备采编中"杜诗历代注释,而且附录了历史、诗文等文献资料:"新旧《唐书》本传,互有详略,要皆事迹所关,固当并载。其诸家序文,具述原委,为历世所珍重。又唐宋以后题咏诗章,及和杜、集杜诸什,皆当附入。而诸家评断见于别集凡有补诗学者,并采录末卷,犹恐挂漏蒙讥,尚俟博采以广闻见焉耳。"③再如李善的《文选注》,主要采用征引式注释,"引书 1689 种,另引用旧注 29 种,除对《文选》的阅读理解起到很大作用外,也保存了大量古代文献资料"④。其他像以补充资料为主的注释,也有极好的文献功能,限于篇幅,不再一一赘述。

---

① 杜甫著、仇兆鳌注:《杜诗详注》,北京:中华书局,1979 年版,凡例第 24 页。

② 中华书局编辑部:《出版说明》,见《杜诗详注》,北京:中华书局,1979 年版。

③ 杜甫著、仇兆鳌注:《杜诗详注》,北京:中华书局,1979 年版,凡例第 24 页。

④ 杜泽逊:《文献学概要》,北京:中华书局,2001 年版,第 364 页。

第二节　文学典籍注释的价值

"古代经典的当代诠释,就不仅是通过完善的诠释技术尽可能准确地解释出经典文本的'原义',而且也是基于现实生活对经典的重新理解与解释。"①文学典籍注释还须从当下的视域出发,再现、挖掘、阐发典籍的时代价值,赋予典籍以新的时代内涵,以实现典籍古为今用、为我所用的目的。文学典籍注释的价值主要表现在传播价值、著述价值、经典化价值三个方面。

一、传播价值

文学典籍注释是一种特殊的历时传播方式,一方面,在追求作者和文本原意的目标下,通过逆时溯源性的解释方式,后代的思想观念和价值判断等不断隐性地附着于典籍之上,成为典籍内涵的一部分,另一方面,不同时代的注释,信息不断层积,累进性向后传播,被后代所接受,从而实现典籍的生命价值。

扫除阅读障碍、疏通文本虽在文学典籍注释中具有重要的意义,但只是基础性工作,远不是注释的全部,如果只满足于疏通文义这一注释目的,那是远远不够的,在很大程度上来讲,典籍的生命也就会终止。文学典籍注释本质上更是一个价值不断发现、不断增值的传播过程,不同时代的思想文化观念依托注释,不断传承、不断选择、不断批判、不断更新,在批判性继承的过程中,文学典籍持续不断地换发新的时代价值,也在这一过程中潜在地影响、滋养后代的思想文化、人格理想、人生意趣,推进社会的发展,陶铸一个民族的文化品性。文学典籍的

---

① 潘德荣:《文字·诠释·传统:中国诠释传统的现代转化》,上海:上海译文出版社,2003年版,第157页。

注释,不仅传播了文学典籍及文学自身,也传承了优秀的历史文化。王兆鹏充分肯定了笺注式传播的价值:"古代文学作品的传播,从两汉时期起,就不仅是原原本本地传播原作,有时还要对作品原文进行注释,以帮助读者阅读理解接受。笺注者,既是作品的解读者、诠释者,也是传播者。笺注式传播较之原文传播,无疑又增加了不少信息和内容,它引导读者对作品的阅读接受,也会限制对作品的多元解读。文学经典的形成,往往与注家的笺注有关。"①李商隐的诗瑰丽精工,用典繁富,朦胧多义,别具一格,但释读困难,"只恨无人作郑笺"(元好问语),通过历代注家不断地潜心注释、解读,其诗歌独特的艺术魅力终逐渐得以发明,得以不断被接受,甚至在 20 世纪进入了大作家的行列。清代是李商隐诗歌注释、接受史上的一个高峰,冯浩《玉溪生诗笺注》是集其大成者。冯氏毕生孜孜以求,"自用我法",会悟、博通,对李商隐诗进行了全面的注释:"既继承传统,又不断开拓创新,完整地笺释阐发了李商隐诗歌的诗旨,为解读李商隐诗提供了一种可能,别开李商隐研究之生面。特别是大量直接反映时事的政治诗和有现实政治指向的咏史诗的解读,阐扬了李商隐强烈的政治责任感和可贵的诗心、诗胆及其高尚的人品,深刻发明了李商隐诗歌的政治思想价值,提升了李商隐诗歌的思想艺术品位。"②在清代的时代背景和进步诗学观的影响下,冯浩的注释,极大地实现了李商隐诗的时代价值,不仅推进了清代的李商隐研究,也对后代李商隐诗的注释、研究产生了深远的影响。当代具有代表性的如刘学锴、余

---

① 王兆鹏:《中国古代文学传播方式研究的思考》,《文学遗产》,2006 年第 2 期。

② 丁俊苗:《〈玉溪生诗笺注〉注释研究》,西安:陕西师范大学,2009 年博士论文,第 131 页。

恕诚的《李商隐诗歌集解》①、黄世中的《类纂李商隐诗笺注疏解》②等,都充分汲取了冯浩注释的营养。

二、著述价值

人类的行为都是有目的的,注释也不例外,注者之所以对文学典籍进行注释,都有其或隐或显、或强或弱的用意与目的。从解释学理论看,任何理解都是从前理解出发的,注释是注者从自己的时代环境和个人认知出发来理解作品的,其中都蕴涵着注者所处时代的价值判断或自己的见解与主张,甚至可以通过注释,借他人酒杯浇自己块垒,阐明自己的思想主张,实现自身的价值。如道家的重要典籍《庄子》一书,"汉以前很少有人称引,也没有人作注释。魏晋之际,玄学盛行,才有晋人司马彪、崔譔、向秀、郭象诸家的注和李颐的集解。……宋明人注解《庄子》,一般着重研究它的哲学思想,而且多半用佛理来解释,重要的有林希逸的《庄子口义》、褚伯秀的《南华真经义海纂微》、焦竑的《庄子翼》等。至于方以智的《药地炮庄》,主要是借《庄子》来发挥他自己的唯物主义思想。清代关于《庄子》的著作更多,有的着重研究庄子的哲学思想,其中王夫之的《庄子通》最为重要;更多的着重于校勘训诂考证。清代末年,替《庄子》注解作总结的有郭庆藩的《集释》和王先谦的《集解》"③。可以明显看出,一部《庄子》的注释史,承载并实现了不同时代或个人的诉求与见解,形为注释《庄子》,实质上就是一部借《庄子》而行"己意"的创作史。因此,我们认为注释本质上也是一种著述,只不过相对于独立创作,其方式较为隐蔽,受到的约束

---

① 刘学锴、余恕诚:《李商隐诗歌集解》(增订重排本),北京:中华书局,2004年版。

② 黄世中:《类纂李商隐诗笺注疏解》,合肥:黄山书社,2009年版。

③ 王孝鱼:《点校后记》,见《庄子集释》,北京:中华书局,2002年版,第1117页。

更多而已。但值得注意的是,虽然注释这种方式较为隐蔽,受到更多约束,但是如果注释得当,注者的思想则不仅可以依托典籍,收到润物无声的传播效果,而且还能传之久远。此外,需指出的是,注释在视角和立意方面也是有一定差别的,其中"我注六经"的方式,意在"六经",重在历史还原,客观性强,著述性弱一些;而"六经注我"的方式,意在"我",经典为我所用,时代性、主观性极其鲜明,比较而言,著述性明显增强。再如李商隐的诗歌,其笺释自明末钱龙惕《玉溪生诗笺》至集大成的冯浩《玉溪生诗笺注》,有清一代卓然大家者十余人,各人基于现实生活、人生阅历和价值取向,对李商隐诗进行创造性的解释,各抒己见,相与论争,掀起了一个长达二百年的笺释高潮。新时期以来,承续清代李商隐诗注释的辉煌,又掀起了李商隐诗笺释的新高潮,各种研究著作和选注本除外,仅李商隐诗的全注本就有五六部,如上述刘学锴、余恕诚《李商隐诗歌集解》、黄世中《类纂李商隐诗笺注疏解》之外,还有叶葱奇《李商隐诗集疏注》[①]、郑在瀛《李商隐诗集今注》[②]、吴慧《李商隐诗要注新笺》[③],可以说,李商隐诗歌艺术不仅是其自己个人创造的,更是一个融合了广大注者智慧和汗水的集体著述。

三、经典化价值

童庆炳认为:"文学经典是时常变动的,它不是被某个时代的人们确定为经典就一劳永逸地永久地成为经典,文学经典是一个不断地建构过程。"[④]经典建构过程起码涉及文学作品的艺术价值、文学作品的可阐释的空间、意识形态和文化权力变

---

① 叶葱奇:《李商隐诗集疏注》,北京:人民文学出版社,1985年版。
② 郑在瀛:《李商隐诗集今注》,武汉:武汉大学出版社,2001年版。
③ 吴慧:《李商隐诗要注新笺》,北京:方志出版社,2010年版。
④ 童庆炳:《文学经典建构诸因素及其关系》,《北京大学学报》,2005年第5期。

动、文学理论和批评的价值取向、特定时期读者的期待视野、发现人（又可称为"赞助人"）六要素。①注释本质上也是一种阅读，而且是一种更专业、更精深的阅读，以童先生的论述为参照，注释无疑是文学典籍经典化的一种重要方式，而且相对于一般学术研究和阅读批评来说，注释这种方式更为集中、更有历史的连续性、更易于读者完整接受，因此，在文学典籍经典化的过程中这种方式更具有特殊的价值。综观传世的经典，如《诗经》《楚辞》等，注释在其经典化的过程中无疑都发挥了无法替代的作用，宋代大儒朱熹的《四书章句集注》更是被后代列为钦定的教科书，成为科举考试的标准读本。

比较能说明注释经典化价值的是李商隐诗歌，虽"长期以来人们对他的诗感受、理解、把握、评价的不一致、不确定，乃至相矛盾、相对立，形成了古典文学研究中少有的'李商隐现象'"②。但尽管这样，随着思想意识的变化和文学理论的不断进步，逾越千年，历经清代和新时期以来两次李商隐诗歌笺释和研究的高潮，李商隐的"独特诗国景观"终于逐渐被认识、被接受，成为唐诗中的经典。"从唐末李涪对李商隐'无一言经国，无纤意奖善'（《刊误·释怪》）的恶评，到今天将他置于中国文学史第一流大作家的行列"③，认识上发生如此大的变化，这中间无疑倾注了注者（和研究者）对李商隐诗极大的热情和智慧。

第三节　文学典籍注释的功能与价值的关系

文学典籍注释的功能主要是为克服时间的间阻，让后人能

---

①　童庆炳：《文学经典建构诸因素及其关系》，《北京大学学报》，2005年第5期。

②　刘学锴：《李商隐诗歌接受史》，合肥：安徽大学出版社，2004年版，弁言。

③　刘学锴：《李商隐传论》，合肥：安徽大学出版社，2002年版，第884页。

读懂前代的典籍,其中恢复文本的历史真实面貌是注释的前提,扫除阅读障碍、疏通文本是注释的重要目的,积淀和保存相关文献则是注释的自然结果。文学典籍注释的功能要实现的目标主要是还原历史、追求历史的真实,以求"真(真实)"为精神内核,相对而言,客观性、历史性和稳定性更强些。通过注释,既完成了文学典籍注释的第一阶段的任务,又为下一阶段价值发现奠定了坚实的基础。注释方法主要以文字训诂、考据以及征引类的实证方法为主,风格上也相对朴实一些。

注释的价值则是要在读懂的基础上读好典籍,读出其时代内涵。其中传播价值是基础,著述价值是升华,经典化价值则是结果。注释的价值取向是要在追求历史真实的基础上,寻求当下的真实,实现典籍的时代价值(以及未来价值),以求"值(价值和意义)"为精神内核,因此,相对于注释的功能,主观性、现实性、发展性更强些。注释方法是要在实证方法的基础上,充分发挥注者的学识、智慧和创造性,充分再现、挖掘、阐发文学典籍中蕴涵的富有时代意义的思想艺术内容,风格上也更自由、开放一些。

注释是一个整体行为,文学典籍注释发生的时间性和时代性是一个矛盾统一体,因此,文学典籍注释的功能和价值本质上也是一个矛盾统一体,两者虽相互区别,但又是密切联系的,不能简单、机械地分隔和对立,要统一地看、辩证地看,功能实现中蕴涵价值发现,价值发现中,也在实现功能,功能和价值共同展现注释的意义与生命力。文学典籍注释的功能和价值及其相互关系可简要地图示如下:

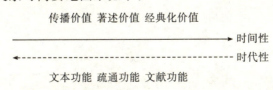

图3 文学典籍注释功能与价值的相互关系

该图示的内涵是:

时间性和时代性是文学典籍注释发生的根本原因，共同作用驱动注释的发生。实线箭头表示时间的顺向绵延，文学典籍不断陌生化，虚线箭头表示在时代要求下，以追求历史的真实为目标，进行逆向溯源性注释，在这一过程中，实现注释的三项功能和三项价值，其中文本功能、疏通功能、文献功能是基础性的，客观性强，相对封闭一些，传播价值、著述价值、经典化价值是发展性的，主观性强，相对开放一些。

文学典籍注释工作是一项综合性的工作，从文学典籍文本的确立到文学典籍思想、艺术内涵的阐发都是其重要的工作内容，相应地，文学典籍注释实现的功能和价值也是多样和多重的。不同时代、不同注者可以基于文学典籍的类型，根据自身的学养和注释定位，各展所长，各负使命，实现注释的多元化功能或多重价值，共同推进文学典籍的经典化，服务于时代发展和人民需要。

第四章 文学典籍注释的本体结构

文学典籍注释是沟通作者、文本和读者的桥梁和纽带,涉及多方面内容和要素,是一项系统而又复杂的工程。研究文学典籍注释理论,指导注释实践,一个重要的问题就是要对注释的内部结构要素及相互之间的关系有准确的认识和把握。近些年来,注释学研究取得了长足的进展,特别是在注释的具体内容及具体典籍注释的个案研究方面,但对于注释的本体结构体系的探讨,则系统性和深入性均不够。我们在研究清人冯浩《玉溪生诗笺注》注释时,曾尝试从"注释了哪些内容""如何具体注释的""为什么这样注释"以及"注释得怎么样"四个方面进行研究,以期形成一个注释研究的结构体系[1],现在看来,还需要在此基础上进一步修正和完善。在充分考察典籍注释发生所涉及的各方面要素基础上,从系统论的角度看,我们认为文学典籍注释的本体结构应该包括主体要素、对象要素、内容要素、方法要素和目的要素五个方面,分别回答注释中"谁在注""为谁注""注什么""怎么注"和"为什么注"五个基本问题。文学典籍注释本体结构体系的探讨,有助于深化对注释本质的认识,为文学典籍注释质量的评价提供参照系,建立起科学的文学典籍注释学。

---

[1] 丁俊苗:《〈玉溪生诗笺注〉注释研究》,西安:陕西师范大学,2009年博士论文,第2页。

第一节　文学典籍注释的主体要素

文学典籍是历史的、静止的，即使存在注释的空间，亦有时代的需要，注释也不会自动发生。注者是文学典籍注释中的主体要素，注释行为的发生、注释目标的实现等等，归根结底都是注者这一实践主体在起作用。

一、注者的性质与作用

注者是注释中人的、能动的要素，在注释中具有最核心、最重要的作用。杜敏将注者的性质和作用分析为受意者（理解）和传意者（解释）两方面，注者在一定环境之下理解和接受了文本意义，这是受意者，同时又成为文本意义的解释者，又将自己所理解的意义传递出来，形成典籍注释文本。① 将注者区分为受意者和传意者两个方面，非常好地概括了注者两方面的性质和作用。但是我们认为，文学典籍注释不仅是复杂的历时传播行为，还是一种特殊的著述方式，对文学典籍的注释，绝不是简单地转述文本的意义，其间还有注者基于时代和个人立场的创造性理解，基于此，为了凸显注者的创造性与注释的著述性这一特点，在杜敏论述的基础上，我们在"受意者"和"传意者"中加入"创意者"这一属性，图示如下：

图 4　文学典籍注释注者的性质与作用

该图示的内涵是：

一、从文本到注本，注者是一个桥梁和纽带。注者是受意

---

① 杜敏：《论典籍注释的传意性》，《北京大学学报》，2005 年第 4 期。

者、创意者、传意者三者的统一,其作用是受意、创意和传意的统一。正是因为注者的不同,同一文学典籍可以有不同的注本,不同注本之间也会存在差异。

二、注释作用的路径有两条:一是受意后传意,也即理解、解释后传意,中间有注者不自觉的创意;二是在受意的理解过程中,注者基于时代性和个人的价值选择,自觉融入了新的创造性见解,然后传意。相对而言,第二条路径更突出了文学典籍注释的时代性和注者的主体创造性,有利于提升典籍的高度、深化典籍的内涵,阐释性更强,意义增值更明显,文学典籍的经典化更多的是循此路径实现的。

二、注者的学养与要求

从上述分析可以看出,注释对注者的学养是有很高要求的。首先,从受意的角度,注者对文学典籍要有准确的理解和把握,己之昏昏,岂能使人昭昭?因此,这就要求注者是研究者,对典籍的产生、内容、意义、流播等方面情况非常熟悉,乃至精通。其次,从创意的角度,注释不仅要准确再现出典籍的原意,还要在批评其历史局限性的基础上,从时代视域出发,深入挖掘、阐发出典籍的时代意义,赋予典籍以崭新的内涵与价值,注者要努力做到比作者更好地理解文本,甚至超越文本,因此,文学典籍的注者应该还是高明的批评者。最后,从传意的角度看,注释是为广大读者理解、接受典籍服务的,注者自己理解的、创造的,还必须依托文学典籍文本,以恰切的方式完整地呈现、再造出来,润物细无声地传递给读者,因此,注者还应是善于融会和表达的建构者。注者有研究者、批评者、建构者的每一种身份特征,但又不是任何一种身份,是多种身份的综合体,或者说注者就是注者,甚至是注家,其角色是独立存在的。所以,文学典籍注释绝不是简单地二传手,或照文本宣科,理想的注者应该是某一领域的专家,因此许嘉璐指出:"给古书作注,这个工作貌似容易，实则甚难。从流传至今的古代注释书看，敢于给古书作注的人多数是那个时代的大学问家，学问不到一定的火候是不敢轻易给古书作注的。"①王泗原以其切身经历道出了注释的要求之高，他在《楚辞校释》自序中说道：

> 学术是不容有半点虚假的。那些说"楚辞作于汉代"，说九歌所歌是"五方十神"，凭空臆断，惟新奇是务，也只是苟以哗众取宠而已。今日校释楚辞，于前人今人说解，应当疑其所当疑，信其所可信，期达到荀子说的信信疑疑之信，这样才能在语法训诂古音文字校勘各方面决嫌疑，明是非。不苟于学术，才能无歉于读者。自惭浅学，虽于楚辞已尽四十余年的心力，而兹所贡不过是滴露微尘。学术之事，任重道远。一九四六年作离骚语文疏解成，在自序里提到：要完全读通古书，必须是这方面的学者不断积累力量。今日还是这样希望。②

根据王先生的自序，其1946年作"离骚语文疏解成"，"尔后覃思竭虑，续有所获，尽平生之力"，才著成《楚辞校释》一书，于此可见，要著成一本高质量的注释著作，须于前人今人说解，"疑其所当疑，信其所可信"，批判地继承，但达到"信信疑疑"是十分艰难的，甚至需要耗费毕生的心血和智慧。这里举王泗原《楚辞校释》中的一个具体例子来说明，《离骚》的最后一节是："'乱（乱）曰：已矣，国无人，莫我知兮，又何怀乎故都？既莫足与为美政兮，吾将从彭咸之所居。"究竟何为"乱"，颇为费解，王泗原指出："如楚辞'乱曰'的乱后人都讲不通，或以为'乐节之名'（朱熹，游国恩。这是想当然，并无根据），或以为'治乱曰

---

① 许嘉璐：《注释学刍议》，见《古汉语论集》（第二辑），长沙：湖南教育出版社，1988年版，第123页。
② 王泗原：《楚辞校释》，北京：中华书局，2014年版，自序第8页。

乱','烦曰乱,治其烦亦曰乱也','有整治之意'(钱杲之,段玉裁,游国恩。这是以反为正,颠倒是非),或以为'变章乱节'(吴仁杰),或以为'烦音促节交错纷乱'(蒋骥),或以为'失行列'(桂馥引郑注),或以为'不择次序'(胡文英),或抛却不讲(王夫之),或以为辞(辭)字的错(郭沫若)。"①"乱"之义之所以众说纷纭,根本原因是"乱"的本义与文意不匹配,即随文释义与乱字的本义不能统一。对此王泗原进行了深入研究,认为"这都是由于不识乱字原本是治理的治字,乱是本字,音治,治是同音假借字,不是烦乱(𤔔)扰乱(𤔔)的乱字(𤔔今写乱)。误当作烦乱扰乱之意来解,这就不通。"②他在上述《离骚》"乱曰"处引证了大量文献,证明其"乱"与"𤔔"本为二字,后来两字字形混淆,并解释了"乱曰"的意思,不仅如此,他还撰写《驳反训》专文,以极其丰富、翔实的资料,驳斥了训诂学上"乱训为治"正反两义并训的反训学说。③ 王先生以其深厚的学术功底和精深的研究,令人信服地证明了"乱曰"之"乱"(乱)本义应为"治",根据讹变的字形"𤔔"来解,必然扞格不通,这不仅解决了楚辞中"乱曰"及古代文献中的相关问题,而且还非常好地矫正了训诂学中的反训之说。

正是因为注者的特殊性质,对于文学典籍的阅读和传播来说,注者实际上是读者的导读者,或相当于传播中的舆论领袖,注者的高度,决定了注释的高度,某种程度上,甚至也决定了文学典籍的高度。这就对注者提出了一定的要求:首先,注者要有强烈的社会责任感和学术良知。文章千古事,注释亦文章,要本着对时代、对典籍负责的精神进行注释,不可为沽名钓誉,而故意标新立异、故弄玄虚,注释典籍,其实也是在注释自己,

---

① 王泗原:《楚辞校释》,北京:中华书局,2014年版,自序第6页。
② 王泗原:《楚辞校释》,北京:中华书局,2014年版,自序第6—7页。
③ 王泗原:《驳反训》,见《楚辞校释》,北京:中华书局,2014年版,第480页。

"视其所注,可以知其人焉"①,要敢做但又要慎做"第一读者"。其次,要有高远的眼界和严谨的治学态度。文学典籍注释既要眼界高远,发他人所未发,竭力提升典籍的境界和品位,又要脚踏实地,虚怀若谷,力求持论有据,准确无误,不虚言、不妄言,殊不知,发现的同时也会遮蔽一些东西。最后,还要有唯物主义历史观和人文情怀。文学典籍毕竟是历史的产物,对典籍要持唯物史观,要回到历史的语境中言说,"不薄今人爱古人",武断地是古非今或是今非古,以及刻意回护和诋毁都不是客观的态度。同样,文学典籍的作者也是历史的,其生命历程中有光彩照人的一面,有时也有难以言说的痛楚,今天看来是理所当然的选择,对于真切情境中的古人来说,可能也是艰难的抉择。因此,注释古人心血凝成的典籍,还要回归典籍的本真,要有人文情怀,真诚关注人的情感、心理,要以活生生的人的眼光来看待作者,不可简单地以政治化的、理想化的、模式化的人格标准来轻易轩轾古人。

第二节 文学典籍注释的对象要素

文学典籍注释的目的是要为当下的读者服务,帮助读者更好地阅读和理解作品,读者是注释的对象要素。读者的阅读使注释的意义得以实现,同时其阅读期待对于注释的内容、形式等也具有很强的规约作用。

一、读者的性质与作用

如同创作一样,文学典籍注释也是有预期的、隐性的读者的,这一点与一般文学文本(如古代、现当代文学的一些作品)的读者没有本质的区别。但是,细究起来,这两者之间仍然有

---

① 傅共:《〈注坡词〉序》,见《苏轼词编年校注》,北京:中华书局,2007年版,第1059页。

很大的不同：一是读者阅读对象不同，对于文学典籍，读者不仅要阅读文本，还要阅读注释；二是读者阅读过程不同，读者在很大程度上是通过阅读注释而间接阅读、理解文本的。也就是说，文学典籍注释的读者，实际上阅读的是注本，其阅读是阅读文本和注释的双重阅读，其理解是通过注释而理解文本的间接理解。因此，很明显，注释对于读者的阅读接受具有很强的导向性和制约性作用，文学典籍注释的读者实际上是一种窗户型读者，即经由注释这一视窗来透视文本的内容与意义的。

从接受美学的角度看，读者是文学活动的重要一极，既是文本的意义接受者，同时也积极参与意义的建构，因此读者对于创作有很大的约束作用。这一点，对于文学典籍注本来说，也不例外，不一样的是文学典籍文本是已经确定的①，注者的工作和创造是在注释方面，因此，注本读者其约束的直接对象是注释，间接地约束文本。所以，在注释中同样要有明确的读者意识、读者主体意识，充分了解读者、真心关注读者、切实为读者服务。典籍的生命因读者而存在，学者们对读者在典籍注释中的作用都极为重视，靳极苍多次提出注释"首先是要为读者服务"②，汪耀楠指出，"作为注释，应是以读者的阅读和理解该作品的可能程度为其考虑的出发点的。哪些该注，哪些不必注，注者自会充分考虑到语言文字障碍，历史文物知识，作者的思想，写作目的以及其它方面的因素，然后充分估计到哪些是读者所不明白的或不甚明白的难点，有选择地加以注释，使后世读者能够与古人的思想相通"③。如杨伯峻注释《论语》《孟子》，是有非常明确的读者意识和读者定位的，在《论语译注》例

---

① 当然，注者可以通过选本或重排（如按文体类型、或按创作时间）来改变文本样态，对于这种情况，我们认为实质上已是注者的一种注释，因此把它归入到注释的内容要素中。
② 靳极苍：《应把"注释学"建为一专门学科》，《晋阳学刊》，1991年第6期。
③ 汪耀楠：《注释学纲要》（第二版），北京：语文出版社，1997年版，第8页。

言中,他说道:"著者的企图是:帮助一般读者比较容易而正确地读懂《论语》,并给有志深入研究的人提供若干线索。同时,有许多读者想借自学的方式提高阅读古书的能力,本书也能起一些阶梯作用。"①(杨伯峻《孟子译注》例言中也有基本相同的表述,不重复引用。)正是基于这样清晰的读者意识和读者定位,杨先生采用了与之相应的译注的方式进行注释,现代汉语译文后再予以详细注释,既深入浅出,明白易懂,又不失学术的准确与严谨。多年来,《论语译注》《孟子译注》深受读者欢迎,发行都在几十万册,对于普及和传播儒家思想文化发挥了极其重要的作用。

二、读者的期待与反应

由于文学典籍注释的读者是一种窗户型读者的特殊性,因此,对于注本的阅读,读者的阅读期待与反应批评都是双重的,读者不仅希望文学典籍本身满足自己的阅读期待,获得思想教益和艺术陶冶等,而且也希望注释能满足自己的阅读期待,能顺利、愉悦地进入典籍的殿堂。同样,对注本的批评也是双重的,不仅对于文学典籍文本,也对于文学典籍的注释。文本相对而言是固定的,而注释则是关键的能动要素,所以高超的注释往往会一荣俱荣,而低劣的注释则可能会造成阅读的双重失落。

古代文学典籍,尤其是其中优秀的典籍,其价值都是经过历史检验的,因此读者在阅读的时候,相对于其他文本,往往期待更高,但又因为是古代的文学典籍,读者对典籍产生的语境不甚熟悉,也还存在历史文化和语言文字等方面的诸多阅读障碍,因此理解与参与建构的空间却较小,两者形成一定的剪刀差。因此,注者不仅要有明确的读者意识、读者主体意识,还要敬畏读者,有读者层次意识,积极探索实践新的注释方式,不仅

---

① 杨伯峻:《论语译注》,北京:中华书局,2009年版,例言。

要注其然,还要注其所以然,帮助读者真正进入文本世界,成为阅读的主人。读者的理解和接受是衡量注释有效性的重要尺度,如果因为注释不当而让读者远离典籍,致使典籍的"读者死亡",则注释之过大矣。再好的戏,没有观众也是枉然,特别是时代的发展,传播方式和阅读方式都发生了深刻的变化,现在的年轻人更习惯于网络、电视、电影等多媒体,更习惯于通过读图、视频来获取信息,如何借助现代多媒体技术,突破用语言解释语言的注释传统,让读者驻足文学典籍、徜徉于文学典籍,确实是一个值得深思和亟待解决的问题。

第三节 文学典籍注释的内容要素

文学典籍注释的内容要素是注释中有形的部分,是注释目的、意义的最终落实和载体,注释的功能与价值等也都是通过注释的内容而实现的。注释内容是注释中最重要也是最复杂的要素,注释学研究中,注释内容的研究所占的比例也最大。但以往研究,对于注释内容的探讨,多以平列的方式或零散的形式存在,内部结构的系统性不甚强,我们在研究《玉溪生诗笺注》注释时,曾根据诗歌的特点,将诗歌注释的内容分为两个大的层次、四个小的层次:对诗歌文本进行整理和校勘,以恢复原文的本来面貌,这是文本复原工作;因时空变异造成理解障碍,对词语、典故等进行训释,这是确立本义工作。复原文本和确立本义是注释的第一个大层次,总称为确立文本,功能主要是扫除阅读的障碍,疏通诗意。诗歌注释最终还要阐发诗旨,进行艺术鉴赏,这是注释的第二个大层次,总称为解读文本,其功能主要是让读者获得思想教益和审美愉悦。① 考虑到文学典籍注释的共性,同时也为更明确起见,本书对这一分类体系及

---

① 丁俊苗:《〈玉溪生诗笺注〉注释研究》,西安:陕西师范大学,2009 年博士论文,第 210—211 页。

包含内容进行了一定调整和完善,先将文学典籍注释的内容区分为确立文本和注释文本两个大的层次,然后再进一步区分各自的下位层次。

一、确立文本

注释的前提是得先有一个待注释的文学典籍文本,也就是注者先要根据自己的注释目的和读者对象等确立一个注释的文学典籍文本。确立文本有两种基本情况,一是文本复原,一是文本选择。

(一)文本复原

由于古代文学典籍在创作、流传以及传抄、刊刻过程中的特殊性,文学典籍的定型往往是一个长期而又复杂的过程,甚至即使是同一底本,不同抄本或刻本之间也会存在一定的差异。因此,文学典籍注释的一个重要内容就是广泛搜集典籍的各类版本,梳理不同版本之间的流变关系,以恢复作者创作的历史真实面貌。此外,对于不同的版本,还要做细致而又认真的校勘、甄伪等工作,有时为了尽可能搜集全某一作者的创作,也还要旁搜远讨,做大量的辑佚工作,以尽可能形成准确、完整的全本。如果文本不真实、不准确,不是"原典",那就会影响后续对作品的注释和意义的阐发,甚至对作者的评价,因此文本复原虽是文学典籍注释的基础性工作,但却是非常重要的工作,凡是优秀的文学典籍注释著作,都极为重视文本复原工作。如李商隐诗歌,作者生前并没有编定自己的诗集,其诗集是由北宋人陆续搜求编次刊刻而成的,在刊刻流播的过程中,有《李义山诗》《李商隐诗集》《李义山集》等多种,内部文字、编次、所收篇目等内容方面也有一定差异,到明末清初之时,李商隐诗集的版本已经分支较多,比较复杂了。刘学锴、余恕诚编撰的《李商隐诗歌集解》是学界公认的李商隐诗歌笺释的一部集大成式著作,该书以明汲古阁刊《唐人八家诗》之《李义山集》(三卷,不分体)为底本,校本有八种之多,从《四部丛刊》影印的明嘉靖二十九年毗陵蒋氏刻《中唐人集十二家》之《李义山诗集》(六卷,分体)直到清朱鹤龄《李义山诗集笺注》本(三卷,不分体)。不仅如此,"除上述各专集外,复以唐、宋、元三代之主要总集及选本进行校勘",这有古典文学出版社影印日本江户昌平坂学问所官版本《又玄集》、《四部丛刊》影印述古堂抄本《才调集》等六种。① 正是通过详备资料的搜罗、细致谨严的校勘,"《李商隐诗歌集解》以尊重作者与版本的客观而忠实的科学态度,最大限度地恢复了李商隐诗歌的本来面目"②,不仅为注者后续的集解工作、也为他人的进一步注释和研究奠定了坚实的文本基础。

(二)文本选择

文本复原是为恢复文本的历史真实面貌,文本选择则是另一层含义,是注者根据自己确立的注释目的和预期读者对象,选择某些作品作为文本进行注释。经过选择而确立的文本,往往带有注者的眼光和价值判断,目的性、主观性强。如《楚辞》,王泗原指出,"《楚辞》成集始于刘向","全书作注始于王逸",但是刘向却增入了自作的《九叹》,王逸却增入了自作的《九思》,而且所集之楚辞也不是楚辞的总集,这很让人费解,甚至遭到批评,对此王泗原进行了解释:

> 刘向为什么这样选?难道就毫无道理?道理是有的,后人没去深究而已。从刘向集录的篇目,可以看出他并非编楚辞总集。编楚辞总集,何至于没有唐勒、孙卿?何至于宋玉只收一篇(算上《招魂》也只二篇)?从所录汉人诸篇的内容及王逸序,可以看出刘

---

① 刘学锴、余恕诚:《李商隐诗歌集解》(增订重排本),北京:中华书局,2004年版,凡例第1—2页。

② 丁俊苗、徐礼节:《论〈李商隐诗歌集解〉的注释成就》,《安康学院学报》,2012年第6期。

向别有一个宗旨,那就是追愍屈原而章明屈原之志。所以他实际是编屈原集,而以宋玉以下及汉人诸篇为附录。附录诸篇他以为篇篇是这个宗旨。他自己的《九叹》也是本这个宗旨而作的,所以也附入。楚辞原书刘向当有书录(叙录),如《战国策》之例,后佚。至于王逸作注,又增附自作的《九思》。刘王这样做法,有似今人编纪念集。诸篇王逸的序都见追愍屈原之意。其中《招隐士》实在与屈原无关,刘向却以为有关,王逸序发其意说:"小山之徒闵伤屈原……虽身沉没,名德显闻,与隐处山泽无异,故作《招隐士》之赋以章其志也。"既是根据这样的宗旨,符合这个宗旨的篇章就在入选之列,汉人诸篇不是上选就由于此。也可见屈原孤忠谅节,文学高迈,在汉代文人心目中占多么重的位置。①

可以看出,刘向所选楚辞是有其明确的目的的,"那就是追愍屈原而章明屈原之志"。他选楚辞并非要编楚辞总集,"实际是编屈原集,而以宋玉以下及汉人诸篇为附录。附录诸篇他以为篇篇是这个宗旨。他自己的《九叹》也是本这个宗旨而作的,所以也附入"。再如钱钟书选注宋诗,茫茫宋诗之海,如何去取,也是一个难题,需要有一定的选择标准,对此,钱先生《宋诗选注》序中明确交代了其选诗的标准:"押韵的文件不选,学问的展览和典故成语的把戏也不选。大模大样地仿照前人的假古董不选,把前人的词意改头换面而绝无增进的旧货充新也不选……有佳句而全篇太不匀称的不选……当时传诵而现在看不出好处的也不选。"②

不同时代,社会思潮和文艺风尚不断变革,因此文本选择

---

① 王泗原:《楚辞校释》,北京:中华书局,2014年版,自序第4页。
② 钱钟书:《宋诗选注》,北京:生活·读书·新知三联书店,2002年版,序言第20页。

不仅带有注者个人的选择性,而且还具有鲜明的时代性,清吴乔《围炉诗话》中的一段话很能说明该问题,转录如下:

> 问曰:"先生何不自选一编,为唐人吐气?"答曰:"不能也。唐人作诗之意,不在题中,且有不在诗中者,甚难测识,必也尽见其意,而后可定去取。自揣何所知识,而敢去取全唐乎?唐人诗须读其全集,而后知其境遇、学问、心术。唐人选唐诗,犹不失血脉。元人所选,已不能起人意。于鳞选之,惟取似于鳞者;锺、谭选之,惟取似锺、谭者,涂污唐人而已。"①

吴乔以比兴为取舍标准,十分推崇唐诗,问及为何"不自选一编,为唐人吐气?"吴乔认为唐人作诗之意不在题中,有的且不在诗中,"甚难测识",去取困难,因此认为"唐人选唐诗,犹不失血脉。元人所选,已不能起人意。于鳞选之,惟取似于鳞者;锺、谭选之,惟取似锺、谭者"。这固然是因为唐人诗作的特殊性,但实质上每个时代的选者都是从自己的时代出发,根据自己的审美趣味和价值判断等进行取舍,即如吴乔自己所主张的"比兴"取舍标准,亦何尝不是如此。同样,上述钱钟书之《宋诗选注》所选之宋诗,有些诗作的选取也受到批评。创作是一个时代有一个时代之文学,在某种意义上,注释也同样是一个时代有一个时代之文本选择。

文本选择而确立的注释文本可以有多种类型,从选择的角度,可以区分为全集和选集。其中全集可以是作家作品的全集,也可以是不同作家某一类作品的全集②;选集可以是优秀

---

① 吴乔:《围炉诗话》,见《清诗话续编》,上海:上海古籍出版社,1983年版,第593—594页。
② 当然也可以是某一时代或某一地域作品的全集,如《全唐诗》《全宋诗》《全唐文》《全宋文》之类,但要对这类全集进行注释,则工作量极大,因此,从注释学的角度,除非是国家级的工程,一般注者是不会确立这类作品众多的全集文本的。

作品选,也可以是类别作品选(如可以按文体、按主题选,也可以是某一文体的次类,像诗中的律诗或绝句等)。相对而言,选集自由灵活,类型多样,最能满足一般读者多元化的阅读需求。从编排的角度,可以区分为原编和重排。原编是以流传下来的某一善本为底本进行编排,不改动底本的作品顺序或分类等;重排,则是注者根据自己对作家作品的理解,按某一原则重新编排,如常见的按创作时间先后顺序的系年编排(校注)、按作品类型的分类编排等。全集和选集、原编和重排相互交叉,文本选择的基本类型就有四种:即全集原编、全集重排、选集原编、选集重排。不同注者确立的注释目的和预期读者对象往往不同,因而事实上即使是同一作家的作品,注者所确立的文本也是多种多样的,特别是其中最能反映注者眼光和价值追求的重排和选集两类,更是多种多样,如新时期以来,李商隐诗歌全注本就有叶葱奇《李商隐诗集疏注》、刘学锴及余恕诚《李商隐诗歌集解》(1988年第一版,2004年出增订重排本)、郑在瀛《李商隐诗集今注》、黄世中《类纂李商隐诗笺注疏解》、吴慧《李商隐诗要注新笺》五部,各类选注本则更是多达十几种。

二、注释文本

文本注释涉及的内容极其广泛,为了使其具有体系性,根据注释的目标定位,我们将其分为文本疏通、文本解释和文本阐释三个层次。

(一)文本疏通

疏通文本、扫除读者阅读障碍,是注释最基本的目标。疏通文本的内容概括起来主要有以下几方面:

语言文字。古代文学典籍的载体是语言文字,文本疏通的重要工作之一就是要扫除因时间流逝而造成的语言文字在阅读、理解方面的障碍①。语言文字的注释主要就是围绕文字的音形义,古音、今音,古形、今形,古义、今义六者互相寻求,以准确给文本的文字、词语注音、释义。另外,由于古代文学典籍没有标点符号,为了便于今天读者的理解,语言文字方面,还有一项重要工作,就是标点。

人事典实。文学典籍中运用古代的人、事以及典故来表情达意、丰富内涵,这是重要的艺术手段,但历史上的人事和典实等,时过境迁,后代人一般不熟悉,不加以注释和说明,理解起来就会有困难,因此,对文学典籍中人事、典实等进行注释和说明也是疏通文本的重要内容。

自然地理。自然地理是人类活动的物理空间,文学典籍中矿产名物、山川地理等内容非常丰富,这些也常成为阅读、理解的障碍,因此文学典籍注释,就要对后代读者不熟悉的矿产、名物以及山川地理的位置、名称、历史沿革等进行注释。

历史文化。社会发展日新月异,历史文化也在不断演变,后代人对于古代的历史文化就会逐渐不熟悉,因此对于古代的朝代更替、思想文化、典章制度以及风俗民情等都要进行注释。②

另外,不同的文体有特定的文体规范和文体特征,为了帮助读者理解,注释时有时也还需要对必要的文体知识进行交代和说明。如古代戏曲,现代读者一般相对陌生,徐朔方及其与杨笑梅在校注《长生殿》《牡丹亭》时,就对戏曲的结构、角色等很多文体知识进行了注释,如《长生殿》第一出《传概》处的注释是:"传奇第一出向例是家门引子,大致包括两个内容:一、创作

---

① 文字是记录语言的符号系统,语言和文字本质上是有区别的,但阅读文学典籍时,事实上接触的是文字,造成阅读理解障碍的其实就是文字的音、形、义,因此我们把语言文字放到一起,作为文本疏通的一项重要内容。

② 以上几方面是文学典籍注释中的常见内容,有古代典籍注本阅读经历的读者都比较熟悉,典籍注释研究中这几方面一般论述也比较多,这里不一一再展开论述。

缘起(见《满江红》),二、剧情提要(见《沁园春》)。传概,与家门引子同。"①《牡丹亭》第一出《标目》处的注释是:"传奇的第一出。照例说明:一、戏曲的创作缘起(如本曲《蝶恋花》);二、剧情梗概(如本曲《汉宫春》)。原称'家门引子'。"②

疏通文本是文学典籍注释的基础性工作,目标是让读者能够读通文本,一般不涉及文本内容、意义及艺术性的解释,对于文本的理解、赏析等,则要读者凭借自己的学识和修养独立进行。

(二)文本解释

各类创作一般都是为时为事而发,有其特定的创作目的,也有其独特的艺术表现形式,为了帮助读者理解、接受文本的意义,获得思想教益、情感体验或审美愉悦,很多时候,注释时还需要做必要的文本解释工作,这主要包括以下几个方面:

创作背景。创作背景是知人论世、领会创作意图的重要背景知识,因此,注释时需要对作品创作的背景知识(如时间地点、涉及的人事等),甚至是与之相关的作者生平做明确的交代和说明。如韩愈《守戒》一文,由《诗》之"大邦维翰"、《书》之"以蕃王室"引入,指出"诸侯之于天子,不惟守土地奉职贡而已,固将有以翰蕃之也"。然而"今之通都大邑,介于屈强之间而不知为之备",其原因是什么呢,又该如何备之呢? 经过一番论述,最后得出结论:在得人。该文似有为而发,但其背景是什么呢,对此,《韩昌黎文集校注》做了较好的注释:"唐自安史乱后,河南河北地裂为七八,蔡在当时最为近地。成德、淄青连结为援,所谓'今之通都大邑,介于屈强之间,而不知为之备'者,此公《守戒》之所以作。终之曰:'如之何而备之,曰:在得人。'及裴

---

① 洪昇著、徐朔方校注:《长生殿》,北京:人民文学出版社,1993 年版,第 2 页。

② 汤显祖著,徐朔方、杨笑梅校注:《牡丹亭》,北京:人民文学出版社,1994 年版,第 1 页。

度平蔡,而公之言验。太和间,杜牧作《守论》,亦公遗意欤?"①通过这样的注释,就使文章的背景具体化为当时的时事,增强了文章内容的针对性和创作的现实意义。当然,鉴于作品创作的实际,有的作品有确切的时、地、人、事等背景信息,注释时客观性强,但也有很多作品没有确切的时、地、人、事等信息,这就只能通过外围旁证信息或作品内容信息来揣测,这时注者的注释相对而言,就带有一定的主观性,同一作品,不同注者给出的创作背景可能就不一样,因此,在注释时要注意客观性和主观性度的把握。②

思想内容。阅读文学典籍,领悟、体验作品所表达的思想、情感等,从中获得思想启迪或情感共鸣,是最基本的阅读目的和阅读期待,因此对作品的思想内容以及所表达的情感心理等进行注释就是文本解释的应有之义。如很多文学典籍注释的著作都以题解、章旨(作品前)、或笺评、笺释(作品后)的形式揭发作品的思想感情,这对读者的阅读理解是有很大帮助的。

艺术特色。文学典籍的艺术表现形式与特色等也是注释的重要内容,从作品的结构到章法,从艺术手法到艺术境界等,都应根据读者期待做必要的注释或点评,让读者透过注释这扇窗,走进文学审美的殿堂。如韩愈的名篇《答李翊书》,文章观点鲜明,系统阐发了其文学观,气势充沛,飞流直下,酣畅淋漓,很值得读者认真阅读与细细品味,对于其艺术特色,《韩昌黎文集校注》做了极其精练的点拨:"吕居仁云:'退之此书,最见其为文养气妙处。'[补注]姚鼐曰:'此文学《庄子》。'张裕钊曰:'学《庄子》而得其沉着精刻者,惟退之此书而已。'又曰:'此书

---

① 韩愈撰,马其昶校注、马茂元整理:《韩昌黎文集校注》,上海:上海古籍出版社,1986年版,第51页。
② 关于文学典籍注释的客观性与主观性问题,详见本书第六章,这里不展开论述。

自道所得,字字从精心撰出,故自绝伦.'"①文学是艺术,社会历史批评当然是必要的,但过多的说教,也会冲淡读者对艺术的感悟和热情,此外,就一般读者而言,审美批评能力相对较弱,因此,文学典籍注释中,应重视并加强对作品艺术表现形式、艺术成就的注释与赏析。

(三)文本阐释

黄焯在《毛诗郑笺平议·序》中说:"治经不徒明其训诂而已,贵在得其词言之情。戴震谓训诂明而后义理明,实则有训诂明而义理仍未得明者。要须审其辞气,探其义旨,始可明古人用意所在尔。朴学诸师,间有专治训诂名物,而短于为文,致于古人文之用意处不能识得谛当。夫经者,义之至粹,而文之至精者也。可由训诂学入,不可由训诂学出。治之者识其本末终始,斯得矣。"②治经贵在"得其词言之情",探其微言大义,"须审其辞气,探其义旨",其实,不仅是治经,文学典籍的言外之意、背后的文化意蕴也不是训诂明而后就随之明了的,同样需要在疏通文本和解释文本的基础上,进一步"识其本末终始",予以发明、阐释,更何况文学典籍的注释还有鲜明的时代性,注者还可以发挥其个人的主观能动性,借注释表达自己的心声和主张,甚至是建立自己的理论体系。文本阐释主要包括以下几个方面:

比兴寄托。诗言志,文以载道,言志、载道是文学创作的重要目的,但文学的言志(缘情)、载道又是间接的,多是通过比喻、象征等艺术方法来间接表现的,所谓"文不苟作,寄托寓焉,所谓文外有事在也,于词亦然"③。因而阐释的空间极大,特别

---

① 韩愈撰,马其昶校注、马茂元整理:《韩昌黎文集校注》,上海:上海古籍出版社,1986年版,第169页。

② 黄焯:《毛诗郑笺平议》,上海:上海古籍出版社,1985年版,序第7页。

③ 冯煦:《东坡乐府·序》,见《苏轼词编年校注》,北京:中华书局,2007年版,第1063页。

是文学性强的诗词更是如此。"作者之用心未必然,而读者之用心何必不然",正因为如此,注释可以在文本细读的基础上,经由比兴寄托,对作品的主旨做多元化的、创造性的阐释,甚至是个性化的阐释,借他人酒杯浇自己块垒。如苏轼《卜算子·缺月挂疏桐》①一词,运用了比喻、象征的间接表达方法,因此词旨就具有多义性,有"为王氏女作""为邻家女作""为温都监女作""影射刺时之作"等多种解释②,因为词中并不涉及具体实事,因此,不同的注者,不仅可以批评别人的解释,还可以做出自己的理解和解释,甚至只要有需要,就可以一直解释下去。

审美批评。不仅是思想内容,艺术表现方面同样也可以进行阐释,高超的注者还可以在具体作品的基础上,充分阐发作品艺术审美的成因、源流、特质,甚至可以进行更宽广的批评,阐发其在文学创作和文学史上的意义和影响。钱钟书《宋诗选注》一个鲜明的特色就是将审美批评融入诗歌注释,如李觏《乡思》③一诗的注释:

> 意思说:故乡为碧山所阻隔,而碧山又为暮云所遮掩,一重又一重的障碍,天涯地角要算远了,可是还望得见,还比家来得近。同时人石延年《高楼》诗:"水尽天不尽,人在天尽头"(刘克庄《后村大全集》卷一百七十七引);范仲淹《苏幕遮》词:"山映斜阳天接水,芳草无情,更在斜阳外";欧阳修《踏莎行》词:"楼高莫近危栏倚,平芜尽处是春山,行人更在春山外"、《千秋岁·春恨》:"夜长春梦短,人远天涯近";词意相类。

---

① 《卜算子》(黄州定惠院寓居作):"缺月挂疏桐,漏断人初静。时见幽人独往来,缥缈孤鸿影。惊起却回头,有恨无人省。拣尽寒枝不肯栖,寂寞沙洲冷。"

② 邹同庆、王宗堂:《苏轼词编年校注》,北京:中华书局,2007年版,第277—285页。

③ 《乡思》:"人言落日是天涯,望极天涯不见家;已恨碧山相阻隔,碧山还被暮云遮!"

诗歌里有两种写法:一、天涯虽远,而想望中的人物更远,就像这些例句;二、想望中的人物虽近,却比天涯还远,例如吴融《浙东筵上》:"坐来虽近远于天"或王实甫《西厢记》第二本第一折《混江龙》:"隔花阴,人远天涯近。"①

钱先生在简要解释诗意的基础上,广引了石延年、范仲淹等人"词意相类"的诗句进行对比,最后归纳该类意义的两种写法,显然,这样的注释已经远远超出了疏通和解释的注释目的了,而是一篇简短的有血有肉的诗学批评文章了。

重塑经典。当然,还有最高明的阐释,超越就事论事的注释,以我为中心,通过经典的注释,达到阐扬自己学术思想的目的,明为"我注六经",实为"六经注我",注释和著述融为一体。这种阐释是一种极高明的艺术境界,注释史上最经典的案例就是朱子的《四书章句集注》,朱熹通过注释《大学》《中庸》《论语》《孟子》四书②,系统地阐发自己所构建的理学思想理论体系,使宋以后《四书章句集注》被列为钦定的教科书,成为科举考试的标准读本,极大地提升了四书的经典地位和历史影响。

以上论述了文学典籍注释的内容要素,这一要素的内部结构体系简要图示如下:

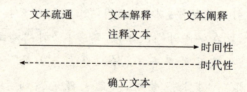

图5 文学典籍注释内容要素结构体系

该内容要素结构体系的内涵如下:

---

① 钱钟书:《宋诗选注》,北京:生活·读书·新知三联书店,2002年版,第53页。

② 《大学》和《中庸》是《礼记》中的两篇,朱熹将其摘出进行注释,这属于上文确立文本中的文本选择,反映了朱熹注释时的价值判断和取舍。

一、时间性与时代性是文学典籍发生的根本原因,驱动文学典籍注释的发生。实线箭头表示时间的顺向绵延,虚线箭头表示为克服时间间阻,实现文学典籍的时代价值,在追求原意的目标下,进行逆向溯源性注释。在这一过程中完成了确立文本、注释文本的注释任务。

二、注释内容中,确立文本是前提和基础,位于底层,上层是注释文本,分为文本疏通、文本解释和文本阐释三个层次。确立文本和注释文本是一个整体,确立文本客观性强,最经得起时间考验,是整个注释大厦的基础,注释文本是在确立文本基础上的进一步解读,主观性逐渐增强,作品的内涵在解读中得以不断丰富,文学典籍也因此而历久弥新。

三、文本疏通、文本解释和文本阐释三个层次的功能和价值各有长短:文本疏通是注释的基础,偏重历史还原,相对客观性强些,但不利于一般读者阅读理解,注者的导读价值较弱。另外,实践中如越过疏通文本的注释定位,过分求真,繁琐考证,释事而忘义,则注释就易流于僵化,使人难以卒读。文本阐释是注释的升华,偏重时代意义的阐发,不同时代不同的人往往会得出不同的解读结果。文本阐释常会超越就事论事的范畴,主观性、创造性最强,注者的风格也最鲜明,有利于增加和提升文学典籍的时代价值,在文学典籍经典化过程中意义重大,但如果师心自用,穿凿比附、过度阐发,乃至游谈无根,则也会流于空疏、虚浮,失却文学典籍注释的本旨。文本解释介于文本疏通与文本阐释之间,以意逆志,主、客和谐,颇有中庸之道,相对比较稳妥。

第四节 文学典籍注释的方法要素

文学典籍注释中,如何把多层次的注释内容组织起来成为一个完整体系,并采用一定的形式、手段把注释的内容恰当表达出来,以方便读者阅读和接受,这也是注释本体结构的重要内容,是为方法要素。

一、注释体例

注释体例是根据注释目的和注释定位对注释内容的整体安排。"注释的体例是注释的形式结构部分,完备的注释体例能够把复杂的注释内容有序地组织起来,了无痕迹地融进注释者的注释思想,既便于注者有效地进行注释,更便于读者轻松地阅读。"① 在长期的注释实践中,逐渐形成了一些成熟的注释体例,后代注者也很重视注释体例的运用与继承,如仇兆鳌在其《杜诗详注》中就明确交代了"杜诗分章"和"杜诗分段"两方面的体例,转录如下:

> 一、杜诗分章。古诗先有诗而后有题,朱子作《集传》,每篇各标诗柄,乃酌小序而为之。杜诗先有题而后有诗,即不须再标诗柄矣。唯一题而并列三五首,或多至一二十首者,每首各拈大旨,又有题属托物寓言,亦须提明本意,仿《集传》例也。
>
> 一、杜诗分段。《诗经》古注,分章分句。朱子《集传》亦踵其例。杜诗古律长篇,每段分界处,自有天然起伏,其前后句数,必多寡匀称,详略相应。分类千家本,则逐句细断,文气不贯。编年千家本则全篇浑列,眉目未清。兹集于长篇既分段落,而结尾则总拈各段句数,以见制格之整严,仿《诗传》某章章几句例也。②

从上一节注释内容要素的论述可以看出,完整的注释应该包括确立文本(文本复原、文本选择)、注释文本(文本疏通、文本解

---

① 丁俊苗:《〈玉溪生诗笺注〉注释研究》,西安:陕西师范大学,2009年博士论文,第174页。

② 杜甫著、仇兆鳌注:《杜诗详注》,北京:中华书局,1979年版,凡例第22页。

释、文本阐释)二大层次、五个基本层次的内容,对应于确立文本的注释是版本、校勘、辨伪、辑佚等工作,对应于注释文本是随文而作的注释、题解或笺评以及注者批评等工作,注释的体例就是对这几方面内容的规划和安排。当然,因为文本解释和文本阐释的界限有时并不明确,因此实践上,很多时候这两部分是糅合在一起的。这是就注释内容安排的基本体例来说的,实际上注释目的、类型多种多样,因此注释的体例可以有多种变式,往少的方向走,可以没有文本解释、文本阐释(或者融到随文注释的文本疏通中),有的也可以没有校勘、辨伪等部分。往多的方面发展,特别是一些总成性的集解、集评类注释著作,还会汇集前人的笺释,或存有考辨的内容,如刘学锴、余恕诚《李商隐诗歌集解》的基本体例安排是:校记、集注、笺评、评价("按"),特别是其中的笺评部分,广泛收集了李商隐诗历代的笺评[1];詹锳《李白全集校注汇释集评》的基本体例是:题解、校注、注释、集评、备考几部分[2]。

上述体例是就文本正文注释而言的,有时为了帮助读者全面理解、深入研究,注释还可以提供更多的资料,如时代背景、作者生平(有的还编制了作者年谱)、创作评论,以及作品集的版本流播、序跋等各类资料,这一般要视具体情况而定,限于篇幅,不一一具体论述。

二、注释方式

注释方式是指注释具体内容时所采用的方法。注释方式可以从不同的角度进行分类,从注释的内容看,可以分为"内注"和"外注"两种,前者主要是笺释作品的意义,后者则是通过征引注释作品中的词语、典故等内容,仇兆鳌在《杜诗详注》凡

---

[1] 刘学锴、余恕诚:《李商隐诗歌集解》(增订重排本),北京:中华书局,2004年版。

[2] 詹锳:《李白全集校注汇释集评》,天津:百花文艺出版社,1996年版。

例中,非常好地概括了其"内注解意""外注引古"两种注释方式:

  一、内注解意。欧公说诗,于本文只添一二字,而语意豁然。朱子注诗,得其遗意,兹于圈内小注,先提总纲,次释句义,语不欲繁,意不使略,取醒目也。其有诸家注解,或一条一句,有益诗旨者,必标明某氏,不敢没人之善,攘为己有耳。

  一、外注引古。李善注《文选》,引证典故,原委灿然,所证之书,以最先者为主,而相参者,则附见于后。今圈外所引经史诗赋,各标所自来,而不复载某氏所引,恐冗长繁琐,致厌观也,其有一事而引用互异者,则彼此两见,否则但注已见某卷耳。①

从注释主体的角度看,可以区分为自注式和引注式:自注式是注者自己寻找相关资料,进行注释,材料是自己搜集的,观点和理解主要也都是自己的。优秀的文学典籍往往代有注释,注者认可了前人的注释,就可以转引他人的注释进行注释,这就是引注式。比较而言,自注式原创性强,工作量大、要求高,引注式则继承性强,但也需要全面了解文学典籍的注释史,充分占有资料,并要根据注释目的等进行精心的剪裁。当然,很多时候,自注式和引注式是结合在一起使用的,既充分借用别人的智慧和成果,又体现自己的独立见解,在继承中创新,在创新中继承。但值得一提的是,从学术规范的角度看,引注应明确交代信息来源,注出所引之注的注者姓名,以示区别与尊重,但是古代典籍的很多注释没有很好地做到这一点,特别是在随文而作的注释中,别人的注释和自己的注释往往融到一起,使人难以分别出哪是自注,哪是引注。如冯浩《玉溪生诗笺注》是清代

---

  ① 杜甫著、仇兆鳌注:《杜诗详注》,北京:中华书局,1979年版,凡例第22、23页。

李商隐诗歌注释的集大成之作,充分吸收了之前钱龙惕、朱鹤龄等人的笺释成果,但很多时候没有标明,刘学锴、余恕诚《李商隐诗歌集解》在这方面则用功甚深,复检各自的原注,如钱龙惕的《玉溪生诗笺》、朱鹤龄的《李义山诗集笺注》等,注释时一一标明引注的来源①,这是非常严谨的。

  从表述方式的角度看,可以区分为征引式和陈述式注释。征引式主要是引用现成的文献资料作注,陈述式则是注者运用自己的语言作注。单纯征引式虽于古有征,但有时难以或不便于准确释义,运用起来有时也比较机械、生硬,特别是引注的古文献对读者来说又是新的阅读障碍,而注者单纯运用自己的语言进行注释,以今语释古语,虽能准确表义,也便于今天的读者理解,但没有文献支撑,则又显得权威性、典雅性不足。因而在实际注释中,很多注释是征引式和陈述式结合的,取长补短,相得益彰,如邹同庆、王宗堂校注苏轼词时,"注释力求精炼。主要诠释词语典故、名物制度、人名地名等,以引述原始资料为主,酌加串释"②。当然,从今天学术规范的角度,征引式注释也有规范性的问题,如征引出处不明确,或引文不准确等,这如王琦辑注的《李太白全集》,詹锳在《李白全集校注汇释集评》指出:"王琦注本所引古书,往往与古书原文不合,而是改动了一些字句,表面上看起来更通顺一些,但是这样引书不合乎现代的标准。我们一一核对原书,照引原文,打上引号和删节号。王注往往只引书名,不注篇名和卷数。我们的新注则注明卷数、传名或篇名,以便核查。并且哪些是王注引的古书,哪些是王琦自己作的注,都划分清楚。"③

---

  ① 刘学锴、余恕诚:《李商隐诗歌集解》(增订重排本),北京:中华书局,2004年版。

  ② 邹同庆、王宗堂:《苏轼词编年校注》,北京:中华书局,2007年版,凡例第2页。

  ③ 詹锳:《李白全集校注汇释集评》,天津:百花文艺出版社,1996年版,前言第23页。

以上从整体上论述了注释的体例和方式,但文学典籍的类型、注释的目的、注释的内容以及注者的学养各不相同,因此注释的体例和方式实际上是可以灵活多样的,程毅中指出:"注释的方法、体例应该因书而异。对不同的书、不同的读者对象应有不同的注法。必要时还可以加今译,但不一定全译。其次,对不同性质的书可以或详或略,或偏重训诂,或偏重考证,或偏重释义,或偏重释事,或事义兼顾,不必强求一致。而且,同一部书可以有两种以上的注本,还可以不断更新。"[1]

注释的方法要素还不止注释体例、注释方式这些,还有术语的问题(如术语的内涵、运用及规范性等问题),也还有更深层次的注释思想、注释原则和注释风格等问题,注释的术语问题,已有研究论述比较充分,不再赘述,关于注释思想、原则和注释风格等问题,后面章节将专门论述。

第五节　文学典籍注释的目的要素

目的要素是指注者为什么要选取某一文学典籍进行注释,为什么这样注释,注释之目的是什么,注释目的是文学典籍注释的出发点和归宿之所在。

一、注释目的要素的意义

在文学典籍注释的结构要素中,注释目的这一要素是隐性的,一般不易受到重视。注释的目的要素,虽然是隐性的,但却是深层次的,在注释中无处不在,没有明确的注释目的的注释是没有色彩和生命力的。仇兆鳌之所以详注杜诗,是有其鲜明的注释目的的,其一篇序言,就是其关于杜诗之诗学观和注释目的的宣言,转引如下:

---

[1] 程毅中:《21世纪古籍整理的前瞻》,http://www.guji.cn/web/c_000000110005/d_8085.htm.

臣观昔之论杜者备矣，其最称知杜者莫如元稹、韩愈。稹之言曰："上薄《风》《骚》，下该沈、宋，铺陈终始，排比声韵，词气豪迈而风调清深，属对律切而脱弃凡近。"愈之言曰：屈指诗人，工部全美，笔追清风，心夺造化，"天光晴射洞庭秋，寒玉万顷清光流"。二子之论诗，可谓当矣。然此犹未为深知杜者。论他人诗，可较诸词句之工拙，独至杜诗，不当以词句求之。盖其为诗也，有诗之实焉，有诗之本焉。孟子之论诗曰："颂其诗，读其书，不知其人，可乎？是以论其世也。"诗有关于世运，非作诗之实乎。孔子之论诗曰："温柔敦厚，诗之教也。"又曰："可以兴观群怨，迩事父而远事君。"诗有关于性情伦纪，非作诗之本乎？故宋人之论诗者，称杜为诗史，谓得其诗可以论世知人也，明人之论诗者，推杜为诗圣，谓其立言忠厚，可以垂教万世也。使舍是二者而谈杜，如稹、愈所云，究亦无异于词人矣。甫当开元全盛时，南游吴、越，北抵齐、赵，浩然有跨八荒、凌九霄之志。既而遭逢天宝，奔走流离，自华州谢官以后，度陇客秦，结草庐于成都瀼西，扁舟出峡，泛荆渚，过洞庭，涉湘潭。凡登临游历，酬知遣怀之作，有一念不系属朝廷，有一时不恫瘝斯世斯民者乎？读其诗者，一一以此求之，则知悲欢愉戚，纵笔所至，无在非至情激发，可兴可观，可群可怨，岂必辗转附会，而后谓之每饭不忘君哉。若其比物托类，尤非泛然。如宫桃秦树，则凄怆于金粟堆前也。风花松柏，则感伤于邙山路上也。他如杜鹃之怜南内，萤火之刺中宫，野莧之讽小人，苦竹之美君子，即一鸟兽草木之微，动皆切于忠孝大义，非他人之争工字句者，所可同日语矣。是故注杜者必反复沉潜，求其归宿所在，又从而句栉字比之，庶几得作者苦心于

> 千百年之上,恍然如身历其世,面接其人,而慨乎有余悲,悄乎有余思也。臣于是集,矻矻穷年,先擘领提纲,以疏其脉络,复广搜博征,以讨其典故。汰旧注之檀酿丛脞,辨新说之穿凿支离。夫亦据孔孟之论诗者以解杜,而非敢凭臆见为揣测也。……①

通过该序,可以看出,仇氏虽认为元稹、韩愈之论杜诗,可谓当矣,但是犹未为知杜者,其原因就是他认为杜诗的独特性在于"有诗之实焉,有诗之本焉",有关于世运,有关于性情伦纪,是不当以词句之工拙求之的。仇氏正是从这一正统的儒家诗教观出发,"据孔孟之论诗者以解杜",因此认为杜诗"若其比物托类,尤非泛然。……即一鸟兽草木之微,动皆切于忠孝大义"。他之所以矻矻穷年注释杜诗,也正是要"庶几得作者苦心于千百年之上"。②

注释目的是统领整个注释行为的灵魂,也是注释的意义和价值之所在。注释目的的统领作用体现在注释的方方面面,从文学典籍的选择(即选择什么样的文学典籍进行注释)到内容的注释及方法的运用,从时代意义的确定到个人目标的实现以及读者阅读期待的满足,都有注释目的贯穿其中。

二、注释目的类型及表现

为什么进行注释,注释的动因和目的会因人而异,即使是注同一部文学典籍,注者注释目的也不尽相同。文学典籍注释

---

① 仇兆鳌:《〈杜诗详注〉原序》,见《杜诗详注》,北京:中华书局,1979年版,原序第1、2页。

② 当然,正是因为有"诗之实""诗之本"与"动皆切于忠孝大义"的儒家诗教观横亘胸中,因此遇有不合于此的,仇兆鳌有时也未免有回护之嫌,如《奉赠鲜于京兆二十韵》一诗,仇氏说道:"少陵之投诗京兆,邻于饿死,昌黎之上书宰相,迫于饥寒,当时不得已而姑为权宜之计,后世宜谅其苦心,不可以宋儒出处深责唐人也。"(杜甫著、仇兆鳌注:《杜诗详注》,北京:中华书局,1979年版,第144页。)

是社会文化系统的一个子系统,向外部看,注释目的与时代的学术文化密切相关,这是注释目的的宏观方面;向内看,注释目的会落实到注释系统的内部,通过内部结构要素反映出来。

从注释目的与时代的关系看,注释目的主要表现为时代目的和个人目的。一个时代有一个时代的学术,社会思潮的演变、文学观念的发展,这些都会影响和投射到文学典籍的注释中。古代注释史上,汉、唐、宋、清四次高潮的出现无不与当时社会文化的发展和需要息息相关,其中如清代诗歌的注释达到了一个高峰,出现了数量众多的优秀诗歌注释著作,这是与清王朝的文化政策和当时的学术文化氛围密切相关的。社会目的是一个总的目的,社会目的是通过个人目的表现出来的,具体到个人,其目的则可能多种多样,有的是为了表达人生见解,注者与作者心有戚戚,有的是因为家学渊源,也有的是出于学术兴趣,不一而足。当然,时代是人的时代,个人的思想和工作也会影响时代的发展,因此社会目的和个人目的实是辩证统一的。

从注释目的落实到注释内部系统看,注释目的可以区分为注者目的和读者目的、内容目的和方法目的两组。注者目的是指注者注释主要是展示自己对某一文学典籍所做的研究及对作品的观点,个人性及学术性、专业性强。读者目的,主要以预期的读者为中心,以读者的需要、理解程度为标准,选择文本进行注释,因而通俗性、普适性更强些,特别是以广大学生或一般文化程度的读者为对象的注释,更是如此。注者和读者相互依存、相互制约,这里区分注者目的和读者目的主要是就其倾向而言的,不是说注者目的就完全不管读者,或者相反。内容目的和方法目的更为具体,是注者不满前人在注释内容或注释方法方面的某些不足,为进一步改进或提高,或者是注者对作家作品有新的研究或突破等,从而做出新的注释。因为注释的内容涉及不同层次的多方面内容,方法也是多种多样的,因此注释的内容和方法目的最为丰富多彩,文学典籍经典化很大程度上也是在这些方面的进展中逐步实现的。

第六节 文学典籍注释本体结构要素之间的关系

以上具体分析了文学典籍注释本体结构要素的五个方面,这几个方面是一个五位一体的有机整体,其结构关系简要图示如下:

图 6　文学典籍注释本体结构要素间的关系

该图示的内涵如下:

注释目的是灵魂和统领,是注释的意义和价值之所在,回答为什么要进行注释的问题。注释的主体要素是注者,是注释中人的因素,是整个注释行为的实践者,是注释的核心,这是回答谁在注的问题,注释的成效和高度决定于注者的学养与眼界。读者是注释的服务对象,这是为谁注的问题,读者的阅读与反应批评决定注释意义的实现,读者的阅读期待对注释行为具有很大的规约作用。注释内容和注释方法分别是注什么和怎么注的问题,注释内容和方法是注释的基石,是整个注释的落实和承载,也是读者阅读和批评的具体对象。

文学典籍注释的质量关乎典籍的生命,是古籍整理中一个备受关注的重要问题,但尽管学术界、出版界强调、重视有加,但实际如何评价文学典籍注释的质量,却没有一个相对完善的评价标准体系,以致一部文学典籍注释著作,从不同的角度看,得出的具体结论就不一样,甚至大相径庭。如一部汇集历代注释的全注笺评本,这是专家型的、学术性的注释著作,其价值是毋庸置疑的。但是,如果从读者要素看,这只适合专业研究人员或文化层次较高的读者研读,一般读者是没有足够耐心和时间来通读这样大部头的著作的,况且,再优秀的作家,其作品也是精芜并存,一般读者通读这样的著作也是没有必要的,因此,对一般读者而言,这样的文学典籍注释著作即使资料再翔实、考证再精审,其价值也是有限的,可能反倒不如去粗取精、简明通俗的选注本。有的比较严肃、传统的学者注释时,可能会把目标定位在疏通的层面,不轻易表达己见,是非优劣让读者评说,这样的注释虽然客观性强,比较稳妥,但是如果从阐释的角度看,则又创新性不足,因而注释的经典化功能有限。因此,我们认为,文学典籍注释质量的衡量,应全面、充分认识注释的本体结构要素及其相互关系,以注释目的为灵魂,统观注者要素、读者要素、内容要素、方法要素,进行综合测评,举其一隅、偏执一端,都不是科学的态度。当前国家大力弘扬优秀中华传统文化,深入推进文化建设,注释是传承和转化传统文化的重要方式,文学典籍注释本体结构的探讨对于促进注释学研究和实践应该具有积极的意义。

第五章　文学典籍的注释原则与注释思想*

文学典籍的注释涉及文本、作者、注者与读者等多个主体和客体要素，注释的内容也极其广泛，这些交织在一起，使注释现象显得纷繁复杂。在纷繁复杂的注释现象背后，是否存在一些深层次的注释原则与注释思想以统领注释，使注释繁而不乱、杂而有序，实践中这些注释原则与注释思想又是通过什么样的方式方法来实现的，这是文学典籍注释研究中一直颇受关注和探讨热烈的重要问题。本章依据文学典籍注释的基本结构要素，结合解释学的研究成果，提出文学典籍注释应该坚持的四项基本注释原则，并总结了与注释原则相应的四种注释思想，试图形成一定的体系。注释原则和注释思想虽是隐性的，但是体现、贯穿于显性的注释实践中，支撑、架构起整座注释的大厦，使注释有序运行并发挥最大效用。

第一节　文学典籍的注释原则

探讨文学典籍注释应该遵循的原则，这与文学典籍注释发生的根本原因和注释的目的密切相关。文学典籍注释发生的根本原因是时间性和时代性，注释的目的一方面是要克服因时

---

* 本章内容曾以《论文学典籍的注释原则与注释思想》为题，发表于《安康学院学报》2016 年第 5 期，编入本书时内容有所改动和增加。

间流逝而造成了阅读障碍,通过注释,以恢复历史的真实,另一方面是要从时代需要出发,积极阐发文学典籍中蕴涵的时代意义,实现典籍的时代价值,从而在文本、作者和读者之间架起一座古今贯通的桥梁。因此,注释中要紧紧抓住文本、作者、注者和读者这几个关键因素,以文本为依据,以作者为观照,以读者为旨归,充分发挥注者的主体性和创造性,使文学典籍不断焕发新的时代光彩。

一、忠实文本

"文学作品可以说是整个文学活动的焦点所在。"[1]文本虽是作者创作的,但却可以脱离作者而存在,具有相对的独立性。文本是文学阅读的直接对象和意义理解的依据,对于古代文学典籍的注释来说,文本同样是注释的客观直接对象和意义理解的根本依据,因此,注释实践中,首要的原则便是要忠实于文本。忠实于文本,主要包括两大方面,一方面,古代文学典籍在传抄的过程中难免发生衍脱、错讹等现象,注释时要尊重文本的文字记载,没有可靠的证据,不可轻易改动文本。《楚辞·涉江》一篇,每节四句,句式整齐,但有两节只有两句,分别是"步余马兮山皋,邸余车兮方林""接舆髡首兮,桑扈裸行",对此,王泗原《楚辞校释》注曰:

> (前者)只此一韵,不成一节。且上节济江湘,乘鄂渚,下节上沅,又下节发枉陼,宿辰阳,不畏僻远,又下节入溆浦,才说僩侗不知所如。可见一路遵水道前行。在这里不当步余马山皋,邸车方林,像"步余马于兰皋兮,驰椒丘且焉止息"(《离骚》二八节)那样。这二句误衍。[2]

---

[1] 童庆炳:《文学理论教程》(修订二版),北京:高等教育出版社,2004年版,第183页。
[2] 王泗原:《楚辞校释》,北京:中华书局,2014年版,第162页。

（后者）只此一韵,不成一节。且下节称比干子胥,谓忠贤不必用,而接舆桑扈佯狂之行,与屈原平素所称道者不类,这两句误衍。①

王泗原从句式和文意两方面,认为"步余马兮山皋,邸余车兮方林""接舆髡首兮,桑扈裸行"两句是误衍,这是比较有说服力的,但是因为没有可靠文献证据,注释时注者还是忠于所见文本,保留了这两句,而没有予以直接删除。当然,忠实于文本也要辩证地看,过分拘泥于文本,不敢怀疑,有时也不是科学的态度。如《离骚》"明明暗暗,惟时何为?阴阳三合,何本何化?"一句中,"阴""阳"为二事,但文中却说是"三合",存在矛盾,令人费解,对此,王泗原《楚辞校释》注曰:

阴阳是两种现象,不是三种,何以说三合?王注以为天地人,然而这一段还没说到人。柳宗元与洪朱皆以为阴阳天,游国恩以为是,然而三者不当并列。按:三字本当作参,读参互之参。是说阴阳相参合,而问哪是本来的,哪是变化了的。传写误解参为二三之三,因误为三。二三之三也写参,左传隐元年:"大都不过参国之一。"②

通过王泗原注可以看出,对于"阴阳"与"三合"的矛盾,王逸、柳宗元等拘囿于文本而曲为之解,虽然勉强弥缝了"三合",但仍没有解决与"阴阳"二事的矛盾。而王泗原大胆怀疑,认为"三"当作读参互之"参",传写误解参为二三之三,此处"阴阳三合"应是"阴阳参合",并列举了《左传》"三""参"误用之例以证明,这是很有说服力的,非常好地解决了"阴阳"与"三合"的矛盾问题,使文意更为顺畅。

忠实于文本,另一方面,就是对文本的理解和解释要符合

---

① 王泗原:《楚辞校释》,北京:中华书局,2014年版,第164页。
② 王泗原:《楚辞校释》,北京:中华书局,2014年版,第84页。

文本的实际，从字词的训释到意义的阐发、艺术的品鉴等，都要以文本为依据，都要与文本相协调，要保持三个层次的统一性：文本内部意义的统一性，作者意图与文本意义的统一性，注释目的与作者意图、文本意义的统一性①，任何偏离、游离甚至背离于文本的解读都是难以被认同和接受的，也定会经不住历史的检验。

忠实于文本本来是没有什么疑问的，特别是经过结构主义、新批评等文学理论的倡导，文本在文学解读中的地位更是得到空前的提高。应该说结构主义、新批评等主张的"文本中心论"，在提升文本地位以及深度推进文本内部语言、结构、意义研究等方面确实功不可没，但由于过于专注于文本，割断了文本与作者的联系，也产生了新的问题，一方面使文本意义的生成失去了外部机制，弱化了文学的社会功能和社会意义，另一方面也给文本意义的理解造成困难：要么止步于就事论事，意义平浅，甚至常处于不可读的尴尬，要么在文本细读中，偏离文学意义的方向，醉心于精致的语言、结构分析。另外，由于文学作品对社会生活是一种间接的、曲折的反映，语言符号能指和所指之间也不是固定不变的一一对应关系，因此文学作品的阐释空白和空间很大，如果没有文本作者外部环境的观照，也易使理解的意义失去明确的指向，从而变得没有意义或意义无穷。

文本的独立性是相对的，其意义不是完全自足性的，文本意义的理解必须联系其作者及其产生的语境，单纯在文本内部做封闭的理解，让意义全然在文本中内生的解读思路是行不通的，还是要回归到文本和作者的联系中来。因此，我们认为，注释中，忠实于文本，正确的态度是以文本为据，既不过分推崇文本，致使其成为"文本孤儿"，也不能虚以待之，强其成为各种误

---

① 关于这三个层次的统一性问题，这里不展开论述，参见本书第七章文学典籍注释的统一性与层次性。

读的由头,要在文本和作者的统一中理解作品、感悟作品,文本意义的生成和理解要联系作者及其生活的时代背景。

二、尊重作者

文本是作者创作的,或者说是作者创造了文本,这是一个客观事实,尽管像时代久远的《诗经》中的很多作品,今天已无法确知其作者,但其是作者创作的,这一事实依然不变。既然文本是作者创作的,作者的思想、情感、人生历程等就自然会在文本中表达、流露、显现,苏轼《自题金山画像》诗中"问汝平生功业,黄州惠州儋州"两句,非常形象而精练地道出了作者人生历程和作品的密切关系。因此在传统的文学研究和注释观念中,知其人、读其书,把作家、作品当成一个整体,这是一种基本的认识,注释实践中,也就理应尊重作者及其生活的时代。如《论语·述而篇第七》的第二十三章:"子曰:'天生德于予,桓魋其如予何?'"孔子说"桓魋其如予何"这句话,说明"桓魋"应与孔子有某种关系,"桓魋"何人,其与孔子之间有何关系,对此,杨伯峻做了如下的注释:

> 【注释】㈠桓魋——"魋"音颓,tuí。桓魋,宋国的司马向魋,因为是宋桓公的后代,所以又叫桓魋。㈡桓魋其如予何——《史记·孔子世家》有一段这样的记载:"孔子去曹,适宋,与弟子习礼大树下。宋司马桓魋欲杀孔子,拔其树。孔子去,弟子曰'可以速矣!'孔子曰:'天生德于予,桓魋其如予何?'"①

显然,杨注是充分尊重话语的作者——孔子的实际的,其所注的桓魋其人其事,是与孔子的经历与时代密切联系的。再如该篇的第二章:"子曰:'默而识之,学而不厌,诲人不倦,何有于我哉?'"这一句话中,"何有"可以有不同的意义,这就影响了对整

---

① 杨伯峻:《论语译注》,北京:中华书局,2009年版,第71页。

个句子意思的准确理解,先看杨伯峻的注释:

> 【注释】㈢何有于我哉——"何有"在古代是一常用语,在不同场合表示不同意义。像《诗·邶风·谷风》"何有何亡?黾勉求之"的"何有"便是"有什么"的意思,译文就是用的这一意义。也有人说,《论语》的"何有"都是"不难之辞",那么,这句话便该译为"这些事情对我有什么困难呢"。这种译法便不是孔子谦虚之词,而和下文第二十八章的"多闻,择其善者而从之,多见而识之"以及"抑为之不厌,诲人不倦"的态度相同了。①

通过注释可以看出,"何有"作"有什么"和"不难之辞"理解,其所表达的孔子的态度是不一样的,前者态度很谦卑,而后者虽有圣人的自信,但很直接,因此,如果从当时语境和圣人之风角度来看,"何有"还是作"有什么"理解更合适,所以,杨伯峻主张作"有什么"理解,将其译为"这些事情我做到了哪些呢?"

对于中国人来说,古代文学典籍的作者问题是一个不言自明的问题,在文学活动中尊重作者也是自然而然的。但随着西方文学批评理论的引进、本土化,本来清楚明了的作者问题却变得复杂、甚至模糊起来。文学典籍的作者是属于历史的,后代对作者的认识,虽然有客观真实的成分,但本质上是建构的,是历史的真实,因此不同时代所确立的作者形象、内涵并不一致。此外,虽然文本是作者创造的,但文本中是否真实体现了作者的创作意图也是一个难以证明的问题。既然作者是不确定性的建构者,创作意图和文本意义是否一致也无法证成,那么作者在文学解读中的权威性和决定性意义就丧失了,因此就可以割断作者和文本的联系,直接在文本中获得意义,享受阅读的狂欢。应该说,罗兰·巴特"作者之死"论点的提出,对于

---

① 杨伯峻:《论语译注》,北京:中华书局,2009年版,第65—66页。

深入认识作者问题、把文学解读的中心引向文本以及给读者以更大的阐释空间,从文学批评和理论研究的角度看是一种进步。但问题是,文学作品是作者创造的,作者是属于特定时代的,"作者死了",同时也就意味着文学作品创作的时代背景消失了,那作品创作的意义也就随之失去了理由和指向。显然,作者是不能死的,可又如何解决当初提出"作者之死"发端的两个问题呢?不同学者给出了不同的答案,刁克利深入分析了"作者之死"提出的背景和争议的焦点问题,回溯了作家的创作过程,提出要重构作者理论,区分作者与作家两个概念,并进而确立"作家"概念,兹转引其两段论述如下:

> 作品阐释中的"作者"和创作作品的"作家"是两个概念。"作者"是文本阐释的产物,是一种阅读和批评的角度,是虚构的、阐释中的,因而是多变的;他产生和出现在文学作品完成出版流通并被阅读批评之后。"作家"是具体的人,是现实中的、活生生的存在;他早于文学作品的产生,与文学作品的产生相伴相随,并在作品中体现和永生。虽然可以是同一个人,但一个是人的文本属性,一个是人的现实存在。
>
> 作者不等于作家,正如文本不等同于作品。文本是批评和阐释的素材,作品是有传统光辉和生命力的独立的存在。任何文本都是作为构成作家作品整体的有机组成部分。从作者到作家的认同,可以不但体会作者阐释的一切,包括文学技法、形式、素材和内容,还能体验作家的生命和思想,体验人类思维的高度、情感的强度和胸怀视野的广度。对于作家,我们遗忘了很久,我们忽略得太多。①

---

① 刁克利:《"作者之死"与作家重建》,《中国人民大学学报》,2010年第4期。

刁克利试图通过区分"作者"和"作家"两个概念（相应的文本和作品两个概念也做了区分），以解决"作者之死"与"作者不可死"两难的问题，能否解决该问题姑且不论，但该文却是非常好地剖析了作者和作家、文本和作品两组概念及相互之间的关系：作者和作家、文本和作品既有所区分，又密切联系，作者和作家"可以是同一个人"，"任何文本都是作为构成作家作品整体的有机组成部分"。实际上，作者和作家、文本和作品是一而二、二而一的辩证统一关系，在理论上是无法截然分开的（在实践中分开就更不可能了）。因此，文学解读中，作者不但不能死，反而要更加重视，要重新回归和重建作者。

　　文学典籍是作者在特定社会背景和情境下创造的，反映了其对社会、自然和人生的思考以及生命历程中的审美与情感体验，从历史唯物主义的角度看，文学作品的创作及其内容是与作者所处的时代背景和人生浮沉密切相关的，作者既存在于作品之外，也存在于作品之内。后代所认知的作品之作者，既是真实的，也是建构的，既是历史的，也是现代的，是一个非常特殊的复合性存在。因此，不仅"作者之死"的否定作者说行不通，试图完全还原作者的真实面貌也是不可能的（即使还原了作者当初自然人或社会人的身份也没有意义的），可以说，文学作品的作者不仅创造了作品，创造了作品的意义，也通过创作作品创造了作者自己。中国的文化传统一直注重文品和人品的统一，"作家是因其作品而传的"①，文学作品的传播事实上是与作者形象一道向后传播的，甚至很多时候作者形象的意义还会超出作品本身，如屈原、杜甫等，他们已经不仅仅是诗人，而是中华民族爱国精神的代表了。因此，在文学典籍的注释中，应承认作者、尊重作者。尊重作者，实质上就是尊重历史、尊重文化传统，也是尊重文学创作和理解的本质规律。

---

① 杜泽逊：《文献学概要》，北京：中华书局，2001年版，第384页。

三、显现注者

注释中,注者的身份和使命很特殊。从本质上讲,注者也是读者,但又远不同于一般读者,注者注释文学典籍的使命是为了帮助读者阅读、理解作品,同时依托注释表达自己的意见和审美批评。因此,注者不仅要对作品做更深、更细、更专业的阅读,以准确理解作品,而且还要通过注释,把所理解的内容确切地表达出来,传达给读者。文学典籍传承中,注者应是有能力、有责任、敢担当的"舆论领袖"。

正是因为注者特殊的身份和使命,所以对注者在注释中的意义要有明确的认识。首先是注者主体性的问题。在注释实践中,虽然涉及作者、注者以及读者多个主体,可真正具有能动性的主体只有注者。但是在追求作者、文本原意注释目标的感召下,文学典籍注释大有代圣贤立言的味道,因此,注者的主体性反倒被遮蔽了,得不到充分体现和张扬,甚至注释著作的地位和价值也得不到应有的承认和肯定。本体论解释学哲学家海德格尔认为,"理解是'此在'(人的存在)在世的基本方式,或此在自我确立的基本方式","理解作为此在在世的基本方式总是从人的既有之'此'(人生存的时间性和历史性处境)出发的,这既有之'此'在理解中表现为理解的'先行结构'或'先入之见',因此,理解是一种在时间中发生的历史性行为,不存在由客观解释学所设想的那种超越时间和历史的纯客观理解"①。对文学作品的理解和解释,事实上都是立足于当下视域,在当下视域和历史视域的融合中追求作者或文本的原意的,因此,无论是显性还是隐性、承认或不承认,注者的注释都是有其自主性和目的性的,也就是在注者所追寻到的作者或文本原意中,实质上也有注者自己的"意思",注释文学典籍,其实也是在

---

① 朱立元:《当代西方文艺理论》,上海:华东师范大学出版社,2005年版,第272页。

注释自己。清人王先谦给郭庆藩《庄子集释》所作序言中的两段话很好地说明了这一问题：

> 郭君子瀞为《庄子集释》成，以授先谦读之，而其年适有东夷之乱，作而叹曰：庄子其有不得已于中乎！夫其遭世否塞，拯之未由，神仿佛乎冯闳，验小大之无垠，究天地之始终，惧然而为是言也。①
>
> 而其文又绝奇，郭君爱玩之不已，因有《集释》之作，附之以文，益之以博。使庄子见之，得毋曰"此犹吾之糟粕"乎？虽然，无迹奚以测履，无糟粕奚以观于古美矣！郭君于是书为副墨之子，将群天下为洛诵之孙已夫！②

庄子"其有不得已于中"、"其遭世否塞，拯之未由"，于是"神仿佛乎冯闳，验小大之无垠，究天地之始终，惧然而为是言也"，而作《庄子》，但庄子究竟有何不得已，却需要注者（和读者）透过其文《庄子》去揣摩、去理解。郭庆藩虽"爱玩之不已，因有《集释》之作，附之以文，益之以博"，但其集释"使庄子见之，得毋曰'此犹吾之糟粕'乎？"可见，郭庆藩所得之义是否庄子本意，仍然存疑，其所得之义仍不免是其注者之义。通过这则序言可以看出，注者之义与作者之义始终是难以一致的，最理想的状态也只能是不断接近。当然，也正是因为注者之义与作者之义这两者之间存在不一致，只能是不断接近，才使文本的解读有空间、有意义，才使注释中显现注者成为可能。

古代文学作品蕴涵了古人对生存的思考和对生命的体验，同样，注者的注释也体现了注者的思考，也是其生命的一部分。因此，我们认为，注释中应该旗帜鲜明地显现注者的主体性，注

---

① 王先谦：《庄子集释序》，见《庄子集释》，北京：中华书局，2002年版，第1页。
② 王先谦：《庄子集释序》，见《庄子集释》，北京：中华书局，2002年版，第2页。

释著作的学术价值有理由也应该得到承认和尊重。

与注释主体性相关的还有一个注释创造性的问题。注释中,应该不应该有注者的创造性,这也是一个很重要的问题。社会的发展、文学观念的变革,都会使人们重新去审视古代的文学作品,注释的过程,不仅仅是文学作品价值和意义传承的过程,更是一个价值和意义不断增益的过程。一部高水平的注释著作,绝不是真的述而不作,简单照搬、转述或堆砌材料,而是要深入阐发作品的思想和艺术内涵,不断创新,寓作于述。文学典籍犹如一棵树的生长,只有在注释的历史进程中不断获取营养,才能不断经典化,成为经典,可以说,一部文学典籍的经典史,就是一部注者(和读者)对文学典籍价值和意义的发现和创造史。

四、敬畏读者

接受美学学者姚斯认为:"在作者、作品与读者的三角关系中,读者绝不仅仅是被动的部分,或者仅仅做出一种反应,相反,它自身就是历史的一个能动的构成。一部文学作品的历史如果没有接受者的积极参与是不可思议的,因为只有通过读者的传递过程,作品才进入一种连续性变化的经验视野之中。"[①]对于文学典籍的注释来说,读者虽不能决定注释的发生和存在,但没有读者的积极参与,注本不为读者阅读和接受,注释的价值同样也是无法实现的。

社会的发展,文学艺术形式的多样化、信息传播手段的多元化,这些都给文学的阅读带来巨大的挑战,文学的读者群逐渐"流散",甚至不少学者提出了文学"读者之死"的观点。基本没有语言和时空障碍的现当代文学尚且如此,古典文学作品的读者状态恐怕更不理想。笔者研读和研究文学典籍注释多年,

---

① [德]汉斯·罗伯特·姚斯:《文学史作为向文学理论的挑战》,见《接受美学与接受理论》,沈阳:辽宁人民出版社,1987年版,第24页。

平心而论，读完一本大部头的文学典籍注释著作，是需要坚持和毅力的，况且更是无法要求每一位读者都有比较高的文学鉴赏能力，因此如何留住读者，让文学典籍成为文学和文化传播的使者，确实是一个需要直面和认真对待的问题。因此，我们认为，文学典籍的注释要切实转变观念，树立读者意识，以敬畏读者之心，努力创新注释的内容和形式，走出"阳春白雪"式的自高、自怨与自恋，主动寻求与读者的对话和交流，帮助他们理解他们能够和应该理解的，否则注释就成了注者的自娱自乐。

西方文艺批评理论的演进经历了从"作者中心"到"文本中心"再到"读者中心"三个阶段，但历经"作者""文本"和"读者"一番转移之后，最后发现哪一个都重要，哪一个也不能扬弃，于是又不断回归，这一过程很好地证明了忠实文本、尊重作者、显现注者、敬畏读者几项注释原则的切当性。当然，如同西方文艺批评的发展方向一样，最后需要解决的问题是如何"照顾到文学活动的各个要素，注重各个要素之间的交流，实现在各种要素之间合理游走"①。对于上述四项注释原则来说，忠实文本，能很好解决意义内生的问题，尊重作者能很好解决意义外生的问题，显现注者能很好解决意义新生的问题，而敬畏读者，让读者易于接受，则能很好解决意义永生的问题，但每一者又都只是其中的一面，因此注释实践中要综合起来，努力使之成为一个圆融和谐的统一体。

第二节　文学典籍的注释思想

《庄子·天道第十三》中有一则齐桓公与轮扁关于读书的故事，转录如下：

---

① 张奎志：《文本·作者·读者——文学批评在三者间的合理游走》，《学习与探索》，2008年第4期。

桓公读书于堂上，轮扁斫轮于堂下，释椎凿而上，问桓公曰："敢问，公之所读者何言邪？"

公曰："圣人之言也。"

曰："圣人在乎？"

公曰："已死矣。"

曰："然则君之所读者，古人之糟粕已夫！"

桓公曰："寡人读书，轮人安得议乎！有说则可，无说则死。"

轮扁曰："臣也以臣之事观之。斫轮，徐则甘而不固，疾则苦而不入。不徐不疾，得之于手而应于心，口不能言，有数存焉于其间。臣不能以喻臣之子，臣之子亦不能受之于臣，是以行年七十而老斫轮。古之人与其不可传也死矣，然则君之所读者，古人之糟粕已夫！"①

这则故事中，轮扁对齐桓公认为所读之书是圣人之言（及之意）的观点提出了质疑，而提出了相反的观点，认为"君之所读者，古人之糟粕已夫"，其理由是"古之人与其不可传也死矣"。分析起来，古之人已死是关于作者和文本的问题，作者已死，其意无从知晓，如何能保证所读书之意就是圣人的本意呢？轮扁根据自己斫轮之实践，认为"斫轮"的技艺只能是"得之于手而应于心，口不能言"，即只能在实践中体验获得，难以表达出来，"不可传"，这种观念本质上是"道不可言""言不尽意"的问题。既然"不可传"，那如何保证所理解的意义不是古人的糟粕呢？轮扁的质疑虽然偏激，但是如何保证所读之书就是圣人之书，所理解之意就是作者之本意，确实是注释学中的一个难题。为破解这一难题，围绕上述注释原则，在长期的注释实践中，注释

---

① 郭庆藩撰、王孝鱼点校：《庄子集释》，北京：中华书局，2002年版，第490—491页。

史上也形成了与之相应的系统注释思想,主要有以下几方面:

一、知人论世

"知人论世"这一注释思想很早就已形成,《孟子·万章下》曰:"颂其诗,读其书,不知其人,可乎?是以论其世也。"这里孟子明确而精练地指出:要"颂其诗,读其书",就要知其人、论其世,也就是要知悉作者的人生经历和生活的时代背景,只有这样,才能读懂、理解作者在其诗、其书中所表达的思想、情感等。两千多年来,无论是在主流的经学典籍注释中,还是在文学、史学等典籍的注释中,古人都非常自觉地坚持和践行"知人论世"这一注释思想。清人钱龙惕在《玉溪生诗笺叙》中记述:其欲注义山诗,因家无藏书,访石林源上人,见其所注"功犹未及半之《李集》,于是扣之曰:'师亦知某诗为某人,某诗为某事乎?'源公曰:'尚未悉也。'余谓:'古人读其书,论其事,即如注陶渊明、杜子美之诗,必先立年谱,然后其游历出处,感时论事,皆可考据。师欲注义山,当先事此。'源公谦退,屡以见闻。"①可见,对于"用意高远,运词精奥,读者未必易晓"(钱龙惕语)的义山诗,钱龙惕认为,通过知人论世,是可以很好予以解读的。

历史不断演进,作者已逝,时空阻隔,后代如何才能"知其人""论其世"呢?"知人论世"这种注释思想,落实到实践中,具体方法就是进行"诗史互证"。历史及其他文献记录了作者的生平和时代情况,诗文等则反映了作者的心路历程,这样外证、内证结合,相互参证,就能较好地还原历史真实面貌,准确地发明作品中蕴涵的意义。明人胡震亨认为唐诗有的"说眼前景,用易见事,一注诗味索然",不可注,但"有两种不可不注:如老杜用意深婉者,须发明;李贺之谲诡、李商隐之深僻,及王建宫

---

① 钱龙惕:《玉溪生诗笺叙》,见《李商隐诗歌集解》(增订重排本),北京:中华书局,2004年版,第2261页。

词自有当时宫禁故实者,并须作注,细与笺释。"①对于如杜诗用意之深婉者,该如何注释呢?钱谦益的《钱注杜诗》,采用诗史互证方法,"以唐史与杜诗互相参证,考察杜甫所处的社会环境,体会杜甫思想的变化和反映,澄清史实,阐明诗意"②,成功笺释了杜诗,开启了有清一代注杜之风,影响深远。冯浩《玉溪生诗笺注》是清代李商隐诗歌注释的集大成者,他继承并发扬了"诗史互证"的方法,据诗文证之时事,以史、事证诗,笺释过程中,特别注重人名、地名以及有关史、事的注释与考证,使"深僻"的商隐诗诗旨得以成功阐发。③ 冯浩在《玉溪生诗笺注序》中说道:"于是征之文集,参之史书,不惮悉举而辨释之;诗集既定,文集迎刃而解,鲜格而不通者;乃次其生平,改定年谱,使一无所迷混,余心为之惬焉!"④千载之下,使人"如睹其面,如接其言论",成为李商隐之功臣。

二、以意逆志

"以意逆志"的注释思想也形成于《孟子》。《孟子·万章上》曰:"故说诗者,不以文害辞,不以辞害志。以意逆志,是为得之。"因为孟子的这句话很简略,借助语境分析也不能确知其内涵,因此后代对"以意逆志"内涵的理解不完全一致。

综合起来,"以意逆志"中"意"有读者之"意"和作者之"意"两种解释;"志"有作者之"志"、文本之"志"和历史史实之"志(记载)"三种解释;"逆"有三个义项:迎受、接纳,钩考即探究,

---

① 胡震亨:《唐音癸签》,上海:上海古籍出版社,1981年版,第338页。
② 郝润华:《论〈钱注杜诗〉的诗史互证方法》,《首都师范大学学报》,2000年第2期。
③ 丁俊苗:《〈玉溪生诗笺注〉注释研究》,西安:陕西师范大学,2009年博士论文,第196页。
④ 冯浩:《玉溪生诗笺注序》,见《玉溪生诗集笺注》,上海:上海古籍出版社,1998年版,第820页。

追溯、反求。① 这些不同的理解,分而视之,不能定于一尊,显得纷乱,但如果综合起来看,却是非常充分而全面地揭示了"以意逆志"的完整内涵,概括起来主要就是两方面:

一、"以意逆志"要综合作者创作意图(作者之意、作者之志)、文本反映意图(文本之志)、文本表述内容(历史史实之志)和读者价值判断(读者之意)各要素,通盘考虑,四者互相求,不可偏执其一。清人蒲起龙在《读杜心解》中旗帜鲜明地标举其"摄吾之心印杜之心"之"以意逆志"法:"吾读杜十年,索杜于杜,弗得;索杜于百氏诠释之杜,愈益弗得。既乃摄吾之心印杜之心,吾之心闷闷然而往,杜之心活活然而来,邂逅于无何有之乡,而吾之解出焉。合乎百氏之言十三,离乎百氏之言十七。合乎合,不合乎不合,有数存焉于其间。吾还杜以诗,吾还杜之诗以心,吾敢谓信心之非师心与,第悬吾解焉,请自今与天下万世之心乎杜者洁齐相见。"②蒲起龙虽颇自诩其"摄吾之心印杜之心,吾之心闷闷然而往,杜之心活活然而来,邂逅于无何有之乡,而吾之解出焉",但是仅"摄吾之心印杜之心",蒲氏也不得不承认,"吾敢谓信心之非师心与"?因此,蒲起龙的"心解"也颇受后人诟病,质疑其所还之杜诗与杜诗之心是否真的是杜诗与杜诗之心,而不是其师心自用。相比较而言,清代焦循之关于"以意逆志"之论则要公允、全面,其在《孟子正义·万章章句上》中说:

> 正惟有世可论,有人可求,故吾之意有所措,而彼之志有可通。仅不问其世为何世,人为何人而徒吟哦,上下去来推之,则其所逆乃在文辞而非志也。……夫不论其世欲知其人,不得也;不知其人欲逆其志,亦不得也。孟子若预忧后世将秕糠一切,而

---

① 文江涛:《"以意逆志"与解释学美学——中国传统文学释义方法与西方解释学的对话》,《萍乡高等专科学校学报》,2005年第3期。
② 蒲起龙:《读杜心解》,北京:中华书局,1977年版,发凡第5页。

自以其察言也，特著其说以妨之，故必论世知人，而后逆志之说可用之。①

焦循的这一段论述非常精辟，一方面明确揭示了"知人论世"和"以意逆志"的先后关系："故必论世知人，而后逆志之说可用之"，另一方面，深刻指出了如何才能做到"以意逆志"："正惟有世可论，有人可求，故吾之意有所措，而彼之志有可通"，也就是"以意逆志"要和"知人论世"相结合，也就是前面所说的各要素要互相寻求，综合考虑。

二、"以意逆志"的途径是视界融合、古今交通、主客交流，方法就是"迎受、接纳"，"钩考、探究"，"追溯、反求"。《牡丹亭》中，丫环春香转述，杜丽娘小姐"读到《毛诗》第一章：'窈窕淑女，君子好逑。'悄然废书而叹曰：'圣人之情，尽见于此矣。今古同怀，岂不然乎？'"②这非常好地解释和说明了之所以能够"以意逆志""视界融合"，就是因为"今古同怀"，古今或主客之间存在共性或融通的地方。"迎受、接纳""钩考、探究""追溯、反求"这三种方法反映了"以意逆志"三种不同的主体姿态和适应条件，"迎受、接纳"是尽可能规避主体意识，虚心"涵泳"，"以己意迎取作者之志"，这时的作者之志一般是显性的，"逆志"主要是再现作者之志。但如果作者之志不是显性的，隐藏于字里行间，这时"迎受、接纳"怕是不能奏效了，则需要积极去"钩考、探究"，以挖掘文本的言外之意；"追溯、反求"的主体姿态最鲜明，是注释主体立足于自身，主动去"追溯、反求"，是一种逆向赋义性的解读方式。本质上，这三种情形也是一而二、二而一的关系，是一个整体，只是有所侧重而已，即如朱熹，其主张"当以己意迎取作者之志，乃可得之"，事实上，其所得之圣贤之意中又何尝没有其"持敬"反求而获得的己意呢？

---

① 焦循：《孟子正义》，北京：中华书局，1987年版，第639—640页。
② 汤显祖著，徐朔方、杨笑梅校注：《牡丹亭》，北京：人民文学出版社，1994年版，第43页。

文学典籍注释实践中,如何实现"以意逆志"的"迎受、接纳""钩考、探究""追溯、反求"的方法呢?潘德荣系统论述了朱熹的诠释思想,将其诠释方法归为两类,一是句法,一是心法。典籍的载体是语言文字,"句法的解释是对本文语言的解释"。但对于完整理解本文以及作者的原意来说,仅句法的语言解释是不够的,因此还应参照作者的思想整体,运用心法,"心法是一种超越语言本身而基于读者体验的解释"。当然,句法与心法解释不是分开的,而是交织在一起的,朱熹的过人之处是极好地综合运用了这两种方法。① 文学典籍的载体是语言文字,整体来看,"以意逆志"的方法无非也就是两种,一种是语言方法,通过语言文字音形义的训诂,进行语言的历史还原,以求取作者和文本的原意②,一种是语言外的方法,即通过语言文字记录的内容,结合"知人论世","切己体认",去感悟、推测作者或文本的原意。因此潘德荣总结的朱熹的诠释方法具有普遍的意义,对于文学典籍的注释也同样适用,不一样的只是文学典籍与经学典籍注释体认的具体内容不同。

三、六经注我

"六经注我""我注六经"语出南宋陆九渊的《语录》:"或问先生:何不著书?对曰:六经注我!我注六径?"因为陆九渊的这句话比较简略,"六经注我"与"我注六经"语义存在一定模糊性,因此后代不少研究者试图穷本溯源,还原其本来意义,如刘化兵认为,陆九渊的意思是,六经是圣贤言行的注脚,既然我已发明本心,已与圣人同心,那我的言行也自然与圣人言行不悖,这样六经也就是我言行的注脚(即"六经注我"),我的言行与圣

---

① 潘德荣:《经典与诠释——论朱熹的诠释思想》,《中国社会科学》,2002年第1期。

② 周裕锴《语言还原法——乾嘉学派的阐释学思想之一》详细论述了乾嘉学派语言还原的阐释方法,《河北学刊》,2004年第5期。

人言行即六经并无不同,既然有六经存在,我就不必再著书立说,我的言行实际上已经为六经做出解释(即"我注六经"),"六经注我"与"我注六经""两句话说的是一个意思,都是对发明本心后主体自我的高扬和肯定。"①彭启福认为,"六经注我""我注六经"是陆九渊对于"为学"路径与方式的思考,是倡导一种正确的"为学"与"求道"的路径,应由"尊德性"而"道问学",发掘道德本心比读书和格物更为根本。②

尽管从最初语境看,有学者认为"六经注我"和"我注六经"不是诠释方法,但是如果撇开语境,这两句话确实是高度凝练地概括了两种路向相反的诠释方法,因此,不少学者宁愿将其视作两种诠释方法,这种情况也可以认为是一种诠释,从语言学的角度看,也可以认为是重新赋予"六经注我"和"我注六经"以新义。陈美容较好地归纳了"六经注我"与"我注六经"的内涵:"'六经注我'是指一种当下的、现实的、自我表达的文本诠释取向,是一种创造性的诠释;而'我注六经'则是一种历史的、客观的文本诠释取向,忠于原文,回归文本原意,其更多地体现出一种严肃的学术态度。"③本文正是从诠释方法这种角度来理解"六经注我"和"我注六经"的,并认为,这两者不仅是一种实践的方法,更是一种注释思想。

前文述及,在注释的几个关键要素中,注者实际上是注释过程中唯一具有能动性的主体要素,各种理解和诠释一切都是"我"当下的主观创造性思想活动。因此,以"我"为参照,从理解路向和主体性角度看,注释思想可以二分,即"我注六经"和"六经注我",前者是"六经"为主,"我"为客,重在返古汲经,后

---

① 刘化兵:《陆九渊"六经注我,我注六经"本义辨析》,《中国文学研究》,2008年第2期。
② 彭启福:《陆九渊心学诠释学思想辨析——从"六经注我"与"我注六经"谈起》,《安徽师范大学学报》,2011年第1期。
③ 陈美容:《从〈大学〉"新民"看朱子"六经注我"与"我注六经"之统一》,《江汉大学学报》,2012年第1期。

者则是"我"是主,"六经"为客,重在维新应时。从内在精神上看,上述"知人论世"和"以意逆志"的注释思想,基本上是属于"我注六经"的范畴,因此以"我"为参照,注释思想也可以再细化,三分为"知人论世""以意逆志""六经注我"三种,其中"知人论世"的注释思想视点偏向古代,重在历史还原,"以意逆志"的注释思想视点兼顾古今,重在古今交融,而"六经注我"的注释思想视点则偏向现在,重在高扬主体精神,这样三者形成一个视点由古到今、主体性由隐到显逐渐递进的注释思想体系。从学风角度看,"知人论世"注重实证,偏向保守,再往前一步,就可能走向繁琐和僵化;"以意逆志"取中庸之道,虚实相生,比较稳重;"六经注我"则偏向激进,由被动走向主动,适宜于构建和新创,但如果再往前一步,则可能滑向空疏和虚浮。

四、与析共赏①

文学典籍注释是理解和表达的统一体,以上三者主要是从理解作品的角度说的,本条注释思想则主要是从表达的角度来说的。

如上文所述,注释的目的是为了帮助读者顺畅地阅读、鉴赏古典文学作品,从而获得思想教益和审美愉悦等。但如果文学典籍注释过于琐碎、艰涩或冗长,读者在阅读过程中读出的不是轻松愉悦,而是磕磕绊绊、疙疙瘩瘩或难以卒读,则可能会逐渐丧失阅读兴趣。因此,本书提出把"与析共赏"作为一种注释思想,以指导我们的注释实践。

所谓"与析共赏",是指文学典籍的注释,在敬畏读者的原则下,要有读者定位和细分意识,根据不同的读者群体贯彻不

---

① 此条注释思想是笔者鉴于注释学理论研究而提出的,因为"雅俗共赏"容易造成误解,所以取陶渊明《移居二首》诗句"奇文共欣赏,疑义相与析"中的四个字组成"与析共赏"指称。另外,除了想表达文中阐述的"与析""共赏"两层意思外,还希望文学典籍注本的阅读能达到旷达与怡然的境界。

同的注释思想,采用不同的注释方式。根据阅读的基本目的和动机,我们提出如下的读者作分类:

读者类型		阅读目的	注释思想
专业读者	研究型	学术研究	与析
	学习型	专业学习	
业余读者	愉悦型	情操陶冶	共赏
	爱好型	文化娱乐	

表1 文学典籍注本读者分类

文学典籍注本的读者群二分为专业读者和业余读者两大类,然后专业读者下分研究型和学习型读者两小类,业余读者下分愉悦型和爱好型读者两小类。

研究型读者主要以古代文学、古典文献学等相关专业的专家、学者以及高校广大教师、研究生为主,其研读的主要目的是进行学术研究,对于这类读者,资料越丰富越好,注释可以采用集注、集解的方式。学习型读者主要以汉语言文学、古典文献学等相关专业的大学生为主,他们研读的主要目的是学习、提高,对于这类读者,要注重文学典籍赏析与治学方法的引导,不妨在得出结论的过程方面多下些功夫。研究型和学习型专业读者,注释的思想应该是"疑义相与析",与读者共同学习、共同研讨,共同享受研读的睿智和快乐。

"知之者不如好之者,好之者不如乐之者",我们将业余读者划分为乐之者的"愉悦型"和好之者的"爱好型"。"愉悦型"读者阅读的目的主要是陶冶情操,从阅读中获得情感体验和审美愉悦,对这类读者,注释应该重在鉴赏;"爱好型"读者阅读的主要目的是文化娱乐,或者说是茶余饭后的消遣,对这类读者,注释要有趣味性,不妨引入诗话、词话中的一些赏析故事或本事进行诠释,方式可灵活,甚至可以是适当演绎[①]。羊春秋选注

[①] 注释是科学,应该严谨而严肃,虽然我们认为方式可以灵活,但不赞成媚俗、庸俗及哗众取宠。

《元明清散曲三百首》,每一首散曲后,都有一段精彩的鉴赏,不仅富有学术性,而且非常有助于业余读者的赏析,如马致远《双调·寿阳曲》:"云笼月,风弄铁,两般儿助人凄切。剔银灯欲将心事写,长吁气一声吹灭。"羊春秋在曲末注:"这支曲子用极其幽静孤寂的景色,烘托出思妇的千愁万恨。'长吁气一声吹灭',这出人意表的简单的动作,反映了她丰富的内心世界,从而扩大了它的艺术容量,增强了它的艺术感染力,给读者提供了极其宽广的联想余地。她这一'吹',到底是因为'商人重利轻别离'?还是'名成翻恐误归期'?还是'异乡花草留人住'呢?都在这无可奈何的极其简单的动作中,淋漓尽致地表现了出来。因为作者在这里所裁取的那个生活侧面,最富于生活气息,最接近感情的高潮,最能表现人物内心世界的契机。"①马致远的这首曲子,语言浅显,一般读者都能理解,但对曲子的最精彩处"长吁气一声吹灭",不同读者可能感悟、理解的深浅程度不一样,经过羊先生一注,则精彩全出,"扩大了它的艺术容量,增强了它的艺术感染力",要是业余读者,无疑大有裨益。愉悦型和爱好型业余读者之群体非常大,是文学、文化传播的受众主体,应该倍加珍视,注释的思想应该是"奇文共欣赏",以平等的姿态,在引导、交流、对话、体验中共同享受阅读的优雅和快乐。

整体来看,研究型、学习型的专业读者和愉悦型、爱好型的业余读者,数量依次扩大,形成一个金字塔形,"从审美教育的角度看,尊重每一个哪怕是普通的读者,并提升他们的精神境界,使每一个体的本质力量都得到全面的展现是我们永远的目标,而文学活动作为一种人类社会特有的现象也应当在此向度上做出自己积极的贡献,将遮蔽着或遮蔽了的栖息之所还给人

---

① 羊春秋选注:《元明清散曲三百首》,长沙:岳麓书社,1992年版,第67页。

类"①。文学典籍的注释应该服务于每一个层次的读者,高高在上、曲高和寡型的注释肯定是没有生命力的,因此,文学典籍的注释要面向读者,兼顾普及与提高,以读者为旨归,为读者提供资料,引导读者理解和欣赏,让注释的效能最大化,最终实现注释的目的和文学的价值。②

关于注释思想的具体讨论较多,但注释思想体系的总结却较少见,综合以上所述,我们将文学典籍的注释思想体系概括图示如下:

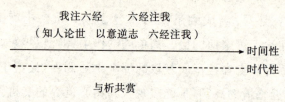

图7 文学典籍的注释思想体系

该图示的含义是:

一、时间性和时代性是文学典籍注释发生的根本原因,共同作用驱动注释的发生。实线箭头表示时间的顺向绵延,典籍不断陌生化,虚线箭头表示在时代要求下,克服时间间阻,进行逆向溯源式注释。

二、上层是显性的注释思想,以"我"为参照,二分为"我注六经"和"六经注我"两种,亦可以三分为"知人论世""以意逆志""六经注我"三种。下层"与析共赏"是隐性的注释思想,以读者为旨归,潜在地规约上层的注释思想。

文学典籍是中华优秀传统文化的重要组成部分,文学典籍的传播是与中华民族的文化精神和作者的人格理想一起整体向后传播的,文学典籍的注释既承载了文学传承的光荣任务,同时也肩负了文化传承的伟大使命。文学典籍的注释要充分

---

① 梁晓萍:《关于"读者之死"的几点思考》,《当代文坛》,2007年第6期。
② 丁俊苗、徐礼节:《〈李商隐诗歌集解〉注释思想探微》,《安康学院学报》,2011年第6期。

尊重中国的文化传统,紧紧抓住注释的关键要素,自觉坚持忠实文本、尊重作者、显现注者和敬畏读者的基本注释原则,贯彻知人论世、以意逆志、六经注我和与析共赏的系统注释思想,并高扬主体意识和时代精神,不断提高文学典籍注释的水平和层次,积极为社会主义文化建设做出新的应有的贡献。

第六章 文学典籍注释的客观性与主观性

文学典籍注释实践中,希望实事求是,真实复原文学典籍的历史面貌,准确阐发文本和作者的原意,这是基本的追求,但由于文学典籍注释发生的时间性和时代性之根本原因,要克服时间的间阻,排除注者的前见,做到完全客观的注释是不可能的。更重要的是,文学作品反映生活有其特殊性,其真实是艺术性的真实,作者为时为事而作,有强烈的主观目的,其价值不仅是当时的,也是后代的,即使能做到完全客观性注释其意义也是非常有限的。因此,文学典籍的注释要充分认识到注释的客观性与主观性这一属性,并准确把握两者之间的辩证关系。文学典籍注释客观性与主观性的特点,对于认识和解释文学典籍注释的类型和风格也有重要意义,可以以之为标准来研究文学典籍注释的类型和风格等问题。文学典籍注释和文学批评中很多有争议而又悬而未决的问题,深层次上都是与注释的客观性与主观性有关,注释实践中,不可偏执一端,要在客观性与主观性的辩证统一中,既努力追求注释的客观性,但又努力超越客观性,充分发挥注释的主观性,以不断提高文学典籍注释的功能和价值。

第一节 文学典籍注释客观性与主观性的成因

文学典籍是古代典籍的重要组成部分,其注释既具有一般典籍的共性,又具有文学典籍的特殊性。文学典籍注释客观性和主观性的存在,概而言之,一是由典籍注释的一般规律决定的,二是由文学创作的特殊规律决定的。

一、典籍注释的一般规律

关于典籍注释的客观性和主观性,王宁较早地专门论及了该问题。她将人类的传意行为过程分解为五个必然要素(传意者、所传者、所传之意、传意媒质、环境)和两个或然要素(传意的组织者、两个主体的沟通者),在此基础上提出:"传意是个客观过程,不论什么'意',只要必然的五种要素具备,一经'传',必定使两个主体有所沟通;如果再加上两个或然的要素,沟通的效果应更充分地显现出来。但是,传意又是个主观过程,传意的两个主体沟通的程度永远是相对的。因为它只是主观对客观的反映,所以,它很难有百分之百的客观效果。"最后王先生以注释中的古诗鉴赏为例,具体解释了注释传意是主观性和客观性统一的问题。①

杜敏进一步分析了注释传意的客观性问题,她认为:"典籍注释传意具有客观性,这是无可辩驳的事实,但受到多种因素的影响而具主观性。"影响典籍注释客观性的因素有信息的特性、语言的特性、注释传意的历时性、注释者理解与解释的主观性几个方面。信息的特性是指信息有系统性、潜在性、可转换性以及表现形态的多样性等特点,这些都会影响到信息传意的客观性。典籍的载体是语言文字,而语言符号所具有的概括性与抽象性、语言符号能指和所指之间的多重关系以及词语含义、指称之间无明确的对应关系等特点,使注释难以做到对词语意义和指称的确切把握,因而影响到注释的客观性。由于典籍注释传意是历时性的,典籍文本失去了传意的具体语境,同

---

① 王宁:《论言语意义与传意效果——从古诗鉴赏看传意的主客观统一性》,《南阳师范学院学报》,2003年第1期。

时典籍文本与注者所在社会语境不同,因此使典籍注释的客观性受到影响。注者对文本的理解与表达以及注者的知识结构等,也是影响典籍注释的重要因素,从而使典籍注释传意具有鲜明的主观性特点。①

　　从以上研究可以看出,典籍注释有客观性的一面,正是客观性,使注释传意有了基础和可能,但是由于信息本身的复杂性、语言文字言意关系的特殊性等诸多原因,又使典籍注释传意无法做到完全客观性,而带上主观性。典籍注释发生的根本原因是时间性和时代性,时间性是因为时间的流逝,典籍产生的背景和内容后代逐渐陌生,因而需要通过专门注释,以恢复典籍的原始面貌和本来意义,时代性是指从时代需要出发,再现、挖掘、阐发典籍的时代价值,实现古为今用。从时间性和时代性这两个根本原因看,典籍注释是无法实现纯客观性的,恢复的只能是"历史的真实",而不能是"真实的历史",否则的话,典籍的生命也就终止了,注释也就失去了意义;相反,还要在合理的范围内,主动超越客观性,充分发挥典籍注释的主观性,不断赋予典籍以新的时代内涵和意义,使典籍永葆生命力。

二、文学创作的特殊规律

　　文学创作来源于生活,但又高于生活,文学对生活的反映是一种艺术性的反映,文学的真实是艺术的真实,其间既有客观真实的成分,也有主观虚构的成分。钱钟书在《宋诗选注》序言中较好地概括了文学反映生活的几种方式②,这里结合其对具体诗作的笺释做一简要分析。

　　钱先生指出:"作品在作者所处的历史环境里产生,在他生

---

①　杜敏:《论典籍注释传意的客观性》,《陕西师范大学学报》,2004年第6期。
②　钱钟书:《宋诗选注》,北京:生活·读书·新知三联书店,2002年版,序第3—8页。

活的现实里生根立脚,但是它反映这些情况和表示这个背景的方式可以有各色各样。"其方式主要有以下三种:

第一种是直接的反映①,如梅尧臣的《田家语》和《汝坟贫女》中描写的抽点弓箭手的惨状。这些事实有历史的真实性,可以参考相关历史资料来证明。不过诗歌不是历史的记录和实录,而是经过一番提炼、剪裁,经过艺术加工,事实也只是艺术的真实,不同于历史本身。

第二种是间接的反映,如范成大的《州桥》诗,"忍泪失声询使者,几时真有六军来",断没有"遗老"敢在金国"南京"的大街上拦住宋朝使臣问为什么宋兵不打回老家来的,虽然诗里写的事情在当时并没有发生而且也许不会发生,但是诗里确确切切地传达了他们藏在心里的真正愿望,完全入情入理。这里的事实是一种想象的"当然"和测度的"所以然",是艺术的真实,因此文艺作品里的写实不就等于埋没在琐碎的表面现象里,文学创作的真实不等于历史考订的事实。

第三种是曲折的反映,如萧立之的《送人之常德》,诗中桃花源的意象,是诗人"感慨在元人统治下的地方已经没有干净土了,希望真有个陶潜所描写的世外桃源"。这类事实虽是虚幻的,不一定真实,但却是诗中有人,印上了作者身世的标记,不同背景的人,读起来理解可能不一样,具有多义性。

文学作品反映生活方式的特殊性,决定了作品的内容有真实客观的一面,也有想象虚构的一面,有已然的事实,也有"当然"和"所以然"的揣测,而且即使是已然的事实,也不等于历史本身。如洪昇创作的《长生殿》,虽以"安史之乱"为背景,以唐明皇与杨贵妃的爱情故事为素材和原型,但是作者对其进行了艺术化的加工,"断章取义,借天宝遗事,缀成此剧。凡史家秽

---

① 钱钟书在《宋诗选注》序言中只是以实例说明了这三种反映方式,没有给出具体名称,"直接的反映""间接的反映"和"曲折的放映"这三个名称是本书作者拟的。

115

语,概削不书,非曰匿瑕,亦要诸诗人忠厚之旨云尔"①。因此戏曲中的很多事件与历史事实是不相符的,兹略举两例如下:

《长生殿》第三出《贿权》,写安禄山受张守珪之命,征讨奚契丹,恃勇轻进,被杀得大败逃回,最后通过丞相杨国忠原府中干办张千,买通杨国忠,得以被李隆基宽赦。对于戏曲中这一事件,徐朔方的注释如下:

> 幽州节度使张守珪,派他的部下平卢讨击史、左骁卫将军安禄山,去攻打奚契丹部落。安禄山由于轻敌,吃了败仗。他应该被处死。长官张守珪是他的义父,为了使他有从宽发落的可能,把他解到京师问罪。丞相张九龄主张把他杀了。李隆基宽赦了他,只解除他的官职,仍叫他带兵。这是唐玄宗开元二十四年(七三六)的事。据史实,这时,杨玉环还是李隆基的儿子寿王瑁的妃子,杨国忠还没有在朝做官(据《通鉴》卷二一四)。②

再如第十出《疑谶》,写武举出身的郭子仪到京谒选,但适逢"杨国忠窃弄威权,安禄山滥膺宠眷",因此未得一官半职。郭子仪到酒楼喝酒时,见到安禄山新封东平郡王,谢恩出朝经过,于是满腔愤懑,回到寓中。郭子仪刚回到寓中,便接到圣旨,授为天德军使。对此,徐朔方做了如下注释:

> 本出提到的史事:一、天宝九载,安禄山封为东平郡王,唐代以将帅而封王的,他是第一个人;二、天宝十二载,郭子仪任天德军使。(在此之前,天宝八载,郭子仪已经做了将军——横塞军使。以后,他升任朔方右厢兵马使,兼九原郡太守。安、史之乱一爆发,他

---

① 洪昇:《自序》,见《长生殿》,北京:人民文学出版社,1993年版。
② 洪昇著、徐朔方校注:《长生殿》,北京:人民文学出版社,1993年版,第13—14页。

就被任为卫尉卿、灵武郡太守,充朔方节度使。)戏曲把这两件事处理为同时发生,而且某些事实有意加以改动,一方面是由剧情发展的内在逻辑所决定,另一方面,还反映了安、史之乱前夕,用人不当,政治腐败的部分真相。①

"夫缀文者情动而辞发,观文者披文以入情,沿波讨源,虽幽必显"(刘勰《文心雕龙·知音》)。文学创作和文学理解的路向虽然不同,但遵循的规律应是一样的。因此从文学创作的角度看,文学典籍的注释要完全做到客观性也是不可能的,很大程度上也是没有必要的,主观性注释是注释中应有的必然之义。

第二节 文学典籍注释的客观性

以上论述了文学典籍注释的客观性与主观性之成因,下面分两节具体分析文学典籍注释客观性与主观性的内涵及其表现。

一、文学典籍注释客观性的内涵

什么是注释的客观性,杜敏从注释传意的角度做了这样界定:"典籍注释传意的客观性,是指注释者不断消除个人先见,正确使用语言准确传意,以使所传之意与文本内容趋于一致。"②这主要是从"所传之意"与"文本内容"一致性的角度来考虑的,换句话说,也就是一致性越高,其客观性就越强,反之则反是。本文前面虽然引用了杜敏关于典籍注释传意的客观性和主观性的观点来论证文学典籍注释中存在客观性和主观性

---

① 洪昇著、徐朔方校注:《长生殿》,北京:人民文学出版社,1993年版,第49页。

② 杜敏:《论典籍注释传意的客观性》,《陕西师范大学学报》,2004年第6期。

的问题,但本文所理解的客观性与杜敏的定义、内涵并不一致,我们认为典籍注释追求"所传之意"与"文本内容"一致的客观性仅是注释的目标之一(况且这也难于评价的),更要在合理的范围内,努力使"所传之意"超越"文本内容"的限制,不断传达新的时代意义。根据我们对典籍注释性质和文学创作特殊性的理解,对文学典籍注释客观性的定义是:文学典籍注释的客观性是指注释中可以确定的内容,即经过考证和辨析,能还原其本来面目,得出确切的结论,答案一般具有唯一性。

二、文学典籍注释客观性的表现

文学作品(文本)是作者在一定的历史语境与特定情境(创作背景)下创造的,解读时需要通过历史还原、知人论世,以理解作品的意旨。基于文学创作和文学解读的基本规律,以文本为中心,我们把文学典籍注释的客观性分为两个基本层面,一是文本创作背景中确定的内容,是为外部的客观性;一是文本中确定的内容,是为内部的客观性。

(一)外部的客观性

考察一篇文学作品的创作背景,从宏观到微观,至少涉及当时的社会现实、作者的人生经历和作品创作时的具体情境三个层次。对于这些方面,如果历史、传记、笔记、诗话、词话等文献中有相关的记录,或作者有自注、作品中有序言,通过考证或推定,一般情况下是可以确定其客观性的。如上述钱钟书谈及的梅尧臣《田家语》和《汝坟贫女》两首诗的创作背景,诗歌作者在诗的序言中做了明确的交代,分别如下:

> 庚辰诏书:凡民三丁籍一,立校与长,号"弓箭手",用备不虞。主司欲以多媚上,急责郡吏;郡吏畏,不敢辨,遂以属县令。互搜民口,虽老幼不得免。上下愁怨,天雨淫淫,岂助圣上抚育之意耶?因录田家

> 之言,次为文,以俟采诗者云。①
>
> 时再点弓手,老幼俱集。大雨甚寒,道死者百余人;自壤河至昆阳老牛陂,僵尸相继。②

因为诗序中提供了时间和事件等方面的确切信息,据此,钱先生扩大范围,引用了司马光的《论义勇六札子》中《第一札子》和《第五札子》的相关内容进行了印证,其在《汝坟贫女》最后一句"拊膺呼苍天,生死将奈何"处的注释如下:

> 活下去呢?还是一死完事呢?"奈"就是"何"。梅尧臣同时人的记载可以跟这两首诗印证的,是司马光的《论义勇六札子》(《温国文正司马公文集》卷三十一至卷三十二)。《第一札子》说:"康定庆历之际,赵元昊叛乱……国家乏少正兵,遂籍陕西之民,三丁之内选一丁以为乡弓手……闾里之间,惶扰愁怨……骨肉流离,田园荡尽";《第五札子》说抽去当弓箭手的人,脸上或手上都刺了字,还得缴纳军粮,"是一家而给二家之事"。③

显然,通过这样诗史互证,所确立的诗歌创作的时代背景就比较客观了。

再如苏轼词《水调歌头·明月几时有》,词前小序记载了当时的创作情境和创作动机:"丙辰中秋,欢饮达旦,大醉,作此篇,兼怀子由。"因为有明确的时间信息记载,因此只要结合苏轼的经历,经过推理,便可以确定这首词的创作时间和地点,甚至同与欢饮之人,邹同庆、王宗堂《苏轼词编年校注》注曰:

---

① 钱钟书:《宋诗选注》,北京:生活·读书·新知三联书店,2002年版,第27页。
② 钱钟书:《宋诗选注》,北京:生活·读书·新知三联书店,2002年版,第30页。
③ 钱钟书:《宋诗选注》,北京:生活·读书·新知三联书店,2002年版,第31页。

熙宁九年丙辰(一〇七六年)中秋,作于密州。王宗稷《东坡年谱》:"熙宁九年丙辰,蜀人苏某来守高密,是年中秋,欢饮达旦,作《水调歌头》,怀子由。"①

相对于《水调歌头·明月几时有》,苏轼《临江仙·九十日春都过了》一词的小序更具体地交代了时间、人物和地点:"熙宁九年四月一日,同成伯、公谨辈赏藏春馆残花,密州邵家园也。"②因此,该词创作的背景是非常确定的,无疑客观性更强。

(二)内部的客观性

文本具有相对的自足性,内部信息内容的客观性分析起来,主要表现在三个方面,一是文本自身,二是文本的载体和存在形式——语言文字,三是语言文字所记录的信息。文本是否为历史原貌、作品是否为作者之真作等客观性问题,从文献学角度,通过校勘和辨伪等工作,一般是可以确定的。语言文字是社会现象,一般情况下,从词义演变、词汇史以及训诂学等方面研究,字词的意义与用法也是可以确定的,这是语言学方面的客观性。语言文字是符号系统,所记录的信息,如自然名物、山川地理、历史文化等方面的内容,通过博物、地理及历史等方面的考证,一般也是可以确定的。以上这些方面,是文学典籍注释基本而重要的内容,一般文学典籍注释研究著作都做了详细的论述,这里不再赘述。但特别指出的是,在这诸多的信息中,时、地、人、事几方面的信息对文学作品的理解和解释具有重要的意义,很受注释专家、学者的重视,如靳极苍在总结、创构注释学理论体系时,就特别提出"四分析"的内容,即分析作

---

① 邹同庆、王宗堂:《苏轼词编年校注》,北京:中华书局,2002年版,第174页。

② 《临江仙》(熙宁九年四月一日,同成伯、公谨辈赏藏春馆残花,密州邵家园也。):"九十日春都过了,贪忙何处追游。三分春色一分愁。雨翻榆荚阵,风转柳花球。阆苑先生须自贵,蟠桃动是千秋。不知人世苦求须。东皇不拘束,肯为使君留。"(邹同庆、王宗堂:《苏轼词编年校注》,北京:中华书局,2002年版,第172页。)

品的时、地、人、事,以更好地突出主题思想。① 事实上,有不少作品中都提供了这方面的确切信息,如杜甫《闻官军收河南河北》中的"剑外忽传收蓟北,初闻涕泪满衣裳"、李商隐《哭刘司户蕡》中的"去年相送地,春雪满黄陵"等等。

以上分述了文学典籍注释客观性的两个方面,实际上在确定、证实有关内容时,往往是内证、外证相互结合的,这样更有利于取得注释的客观性。但是,因为种种原因,有时文本内外都没有提供确切的信息,这时要确定创作背景、阐发主旨,往往就会仁者见仁,智者见智,呈现出很强的主观性了。

第三节　文学典籍注释的主观性

要全面准确把握文学典籍注释的特点,还需要在明确文学典籍注释客观性的基础上,进一步探究其主观性内涵及其表现。

一、文学典籍注释主观性的内涵

对于文学作品的注释来说,即使创作的背景事实梳理清楚了,文本中有些内容也确定了,不等于注释的目的就实现了,还需要做出进一步的解释。关于文学典籍注释的主观性,目前尚没有较为明确的界定。相对于客观性,我们认为,文学典籍注释的主观性就是指注释中不能或难以确定的内容,创作背景、作品意义、艺术特色等只能从作品本身或相关信息中间接推断、感悟,因此,不同注者出于其不同的眼光和价值选择,做出的理解和解释会不一样,结论一般具有多样性或多重性,答案不唯一。

---

① 靳极苍:《应把"注释学"建为一专门学科》,《晋阳学刊》,1991年第6期。

二、文学典籍注释主观性的表现

同样根据文学作品创作和解读的基本规律，我们把文学作品注释的主观性归纳为背景信息的主观性和内容信息的主观性两个大的方面。

(一) 背景信息的主观性

"知人论世"是文学解读的重要思想方法，但在客观性证据不足或缺乏时，解读时就会出现困难，这时注者就会从作品内容、艺术表现等方面去揣测，以"确定"创作的背景。文学典籍注释中，给作品系年（编年）是一种常见的做法，既可以使作品有序化，更为作品解读提供具体背景信息（系年同时实质上也是作品解读的结果）。清人冯浩有感于李商隐诗"旧本皆作三卷，而凌乱错杂，心目交迷，其分体者更不免割裂之病"，于是将李商隐诗作"定为编年诗二卷，不编年诗一卷"，自觉"行藏递考，情味弥长"。① 本书作者曾详细考察了冯浩对李商隐诗的系年情况，根据其是否有确定的信息依据，将其分为客观性系年和主观性系年两类。客观性系年一般有时、地、人、事等方面的确切信息，系年的准确程度较高，不同注者见解差异不大（除了有的笺注者对李商隐生平考据有疏误外），主观性系年则是没有确切的系年依据，主要是凭借对诗意、诗境、诗情等的体会，这样的系年往往存在争议，甚至很大。本书作者列举了多首诗进行了分析和说明，如《蝉》②这首咏物抒怀诗，内容不涉及任何具体的人事，冯浩系年的理由是："此章无可征实，味其意致，当在斯时。"冯浩自己坦言"此章无可征实"，但他却加以系年，理

---

① 冯浩笺注、蒋凡校点：《玉溪生诗集笺注》，上海：上海古籍出版社，1998年版，第821页。

② 《蝉》："本以高难饱，徒劳恨费声。五更疏欲断，一树碧无情。薄宦梗犹泛，故园芜已平。烦君最相警，我亦举家清。"

由就是诗的"意致",可见这样的系年主观性是非常强的。① 如果再据主观性系年的诗来编订作者年谱,很明显,这时就会出现据诗证谱和据谱解诗的循环论证。

再如李商隐《富平少侯》诗②,诗中没有确切的当时人事方面的信息,所讽究属何人,难以指实。冯浩笺曰:

> 徐曰:此为敬宗作。帝好奢好猎,宴游无度,赐与不节,尤爱纂组雕镂之物。视朝每晏,即位之年三月戊辰,群臣入阁,日高犹未坐,有不任立而踣者。事皆见《纪》《传》。《汉书》:成帝始为微行,从私奴出入郊野,每自称富平侯家人。而敬宗即位年方十六,故以富平少侯为比,不敢显言耳。浩曰:徐说是矣,此异于《少将》《公子》诸篇也。《通鉴》:"帝宣索左藏金银,悉贮内藏,以便赐与。"第四句指此。苏鹗《杜阳杂编》:"宝历二年,浙东贡舞女二人,曰飞鸾、轻凤。帝琢玉芙蓉为歌舞台,每歌一曲,如鸾凤之音,百鸟莫不翔集。歌罢,令内人藏之金屋宝帐。宫中语曰:宝帐香重重,一双红芙蓉。"结句指此,徐氏引郭妃则误矣。又曰:统观李唐全代,中叶以后,河朔既不可复,诸藩镇屡有擅命,吐蕃、回鹘、党项先后频入寇,盖内外皆不宁矣。而敬宗童昏失德,朝野危疑,故连章讽刺,以志隐忧。此章首七字最宜重看。③

徐、冯二位根据诗的内容,尤其是第一句"七国三边未到忧",推

---

① 丁俊苗:《〈玉溪生诗笺注〉注释研究》,西安:陕西师范大学,2009 年博士论文,第 159—171 页。

② 《富平少侯》:"七国三边未到忧,十三身袭富平侯。不收金弹抛林外,却惜银床在井头。彩树转灯珠错落,绣檀回枕玉雕锼。当关不报侵晨客,新得佳人字莫愁。"

③ 冯浩笺注、蒋凡校点:《玉溪生诗集笺注》,上海:上海古籍出版社,1998 年版,第 10 页。

定所讽应该是帝王类人物（异于《少将》《公子》诸篇所咏对象），再联系李商隐的生活时代，帝王中唯敬宗行止与诗中内容较为契合，因此据以推定所讽帝王为敬宗，并补充了相关史料以进一步证成和解释。这样的笺释对于深化诗意无疑是有帮助的，但是因为没有客观性信息的有力支撑，因此笺注的主观性也是很明显的，可以见仁见智，如对冯浩引浙东贡舞女事证成"当关不报侵晨客，新得佳人字莫愁"一句，刘学锴、余恕诚即提出了批评，认为"则近乎凿"。①

苏轼《菩萨蛮·歌妓》②一词，具体信息只涉及歌妓，但究竟系何人，不得而知，要推知该词的创作背景，那是很困难的，邹同庆、王宗堂《苏轼词编年校注》编年如下：

> 【编年】熙宁六年癸丑（一〇七三年）夏作于杭州。
> 案：此词朱本、龙本俱未编年，曹本编熙宁六年癸丑，云："惟细玩此词下片，与诗集《席上代人赠别三首》之一首句'凄音怨乱不成歌'之意境相合，考东坡诗集闻歌之反映，以此诗为最。在本集中，又以此词为最。两者必系同时所作。惟一则席上代人赠别，一则自抒所感。今从诗集移编熙宁六年癸丑。"虽缺乏其它资料佐证，可暂依曹说，以俟详考。③

显然，仅凭借"惟细玩此词下片，与诗集《席上代人赠别三首》之一首句'凄音怨乱不成歌'之意境相合，考东坡诗集闻歌之反映，以此诗为最。在本集中，又以此词为最"，就判断《菩萨蛮·歌妓》词与《席上代人赠别三首》诗"两者必系同时所作"，这是

---

① 刘学锴、余恕诚：《李商隐诗歌集解》（增订重排本），北京：中华书局，2004年版，第7页。

② 《菩萨蛮·歌妓》："绣帘高卷倾城出。灯前潋滟横波溢。皓齿发清歌。春愁入翠蛾。　凄音休怨乱。我已无肠断。遗响下清虚。累累一串珠。"

③ 邹同庆、王宗堂：《苏轼词编年校注》，北京：中华书局，2007年版，第36页。

主观性非常强的,更何况,《席上代人赠别三首》与本词一样,并无确切的信息,其系年本身也是主观的。

(二)内容信息的主观性

文学作品表达意义的一个重要特点是其间接性和隐喻性,作者的创作目的往往不明说,而是隐藏于文本的字里行间,作品的言外之意需要读者自己去体会,而且"作者不宜如此,读者不可不如此体会"(丁绍仪《听秋声馆词话》),读者的反应批评具有相对的独立性,因此就会出现文学理解和接受中的"一千读者眼中就有一千个哈姆雷特"的多元解读现象,呈现出很强的主观性。

如杜诗,历代备受推崇,仇兆鳌指出:"自元微之作序铭,盛称其所作,谓自诗人以来,未有如子美者。故王介甫选四家诗,独以杜居第一。秦少游则推为孔子大成,郑尚明则推为周公制作,黄鲁直则推为诗中之史,罗景纶则推为诗中之经,杨诚斋则推为诗中之圣,王元美则推为诗中之神。诸家无不崇奉师法。"但是,对于杜诗的认识也不完全一致,也有对其提出批评的,仇兆鳌指出:"宋惟杨大年不服杜,诋为村夫子……至嘉、隆间,突有王慎中、郑继之、郭子章诸人严驳杜诗,几令身无完肤……杨用修则抑扬参半。"而仇兆鳌则从其儒家正统的诗学观出发,对杨大年等人的观点进行了严厉批评,认为杨大年的批评是"亦其所见者浅",王慎中、郑继之、郭子章诸人的批评"真少陵蟊贼也",杨用修的批评"亦非深知少陵者"。因此他注释杜诗时"兹集取其羽翼杜诗,凡与杜为敌者,概削不存"①。杜甫《冬日洛城北谒玄元皇帝庙》一诗,钱谦益认为是对君王讽喻的"微词",所谓"言之无罪,闻之足戒",对诗意颇有发明,对此,毛先舒却提出了相反的意见,认为诗人忠厚为心,必不出此也:"此篇钱氏以为皆属讽刺,不知诗人忠厚为心,况于子美耶。即如明皇失

---

① 杜甫著、仇兆鳌注:《杜诗详注》,北京:中华书局,1979年版,凡例第23页。

德致乱,子美于《洞房》《宿昔》诸作,及《千秋节有感》二首,何等含蓄温和。况玄元致祭立庙,起于唐高祖,历世沿祀,不始明皇,在洛城庙中,又五圣并列,臣子入谒,宜何如肃将者。且子美后来献《三大礼赋》,其《朝献太清宫》,即老子庙也。赋中竭力铺扬,若先刺后颂,则自相矛盾亦甚矣,子美必不出此也。"①

一篇《锦瑟》②解人难,李商隐《锦瑟》诗的解读可谓是文学作品笺释主观性的典型体现,根据刘学锴、余恕诚《李商隐诗歌集解》③的资料,我们做一简要分析。宋以来,历代关于《锦瑟》诗的主旨,析而言之,代表性的有令狐楚家侍女青衣说、瑟声适怨清和说、悼亡说、自述创作说、自伤身世说、感国祚兴衰说多种,各有所本、各有所据,都具有一定的合理性,解读的结果明显具有多元性的特点。此是分而言之,合而言之,这几种观点可进一步综合和融通,令狐楚家侍女青衣说和瑟声说融合,形成令狐楚家侍女青衣弹筝说;自述创作说和自伤身世说融合,形成更高一层的自伤身世说。当然,夫妻伉俪是李商隐生命中极为重要的部分,甚至也可以说侍女青衣是李商隐人生中的一次回眸,人生际遇更是与国家兴亡密切相关,因此,还可以层层综合,形成包蕴不同的自伤身世说。当然,好事者也还可以进一步揣测、深解,青衣究竟是令狐楚的侍女,还是其子令狐绹的侍女,锦瑟究竟是五十弦,还是二十五弦一断而为五十弦。如此等等,这样不断向上综合或反向坐实,就形成了诗旨解读的多重性,同时也使诗旨进一步多元化。以上分析概括如下:

---

① 杜甫著、仇兆鳌注:《杜诗详注》,北京:中华书局,1979年版,第94页。
② 《锦瑟》:"锦瑟无端五十弦,一弦一柱思华年。庄生晓梦迷蝴蝶,望帝春心托杜鹃。沧海月明珠有泪,蓝田日暖玉生烟。此情可待成追忆,只是当时已惘然。"
③ 刘学锴、余恕诚:《李商隐诗歌集解》(增订重排本),北京:中华书局,2004年版,第1579—1601页。

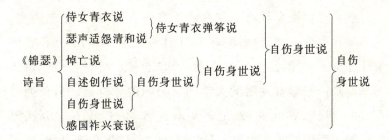

苏轼的名篇《水调歌头·明月几时有》①,宋陈元靓《岁时广记》卷三一引《复雅歌词》:"是词乃东坡居士以丙辰中秋欢饮达旦,大醉,作《水调歌头》,兼怀子由。时丙辰熙宁九年也。元丰七年,都下传唱此词。神宗问内侍外面新行小词,内侍录此进呈,读至'又恐琼楼玉宇,高处不胜寒',上曰:'苏轼终是爱君',乃命量移汝州。"②明张綖《草堂诗余后集别录》:"'我欲乘风归去……何似在人间'。盖言居朝之忧悄,不如在外之潇散也,与韩退之'天门九扇相当开,上界真人足官府,岂如散仙鞭笞鸾凤终日相追陪'同意。旧闻神庙见之以为爱君,固然,然尚未究其意之所在耳。"③同一首词,词前小序已明确交代了创作的背景,但宋神宗读至"又恐琼楼玉宇,高处不胜寒"时,从自己的立场出发,认为"琼楼玉宇"之"高处"是指自己所居之地,"又恐琼楼玉宇,高处不胜寒"表明"苏轼终是爱君",因此"乃命量移汝州"。而张綖则从"我欲乘风归去……何似在人间"读出,这是苏轼"言居朝之忧悄,不如在外之潇散也",认为宋神宗之"神庙见之以为爱君,固然,然尚未究其意之所在耳"。

---

① 《水调歌头》:"(丙辰中秋,欢饮达旦,大醉,作此篇,兼怀子由。)明月几时有?把酒问青天。不知天上宫阙,今夕是何年。我欲乘风归去,又恐琼楼玉宇,高处不胜寒。起舞弄清影,何似在人间。 转朱阁,低绮户,照无眠。不应有恨,何事长向别时圆!人有悲欢离合,月有阴晴圆缺,此事古难全。但愿人长久,千里共婵娟。"

② 邹同庆、王宗堂:《苏轼词编年校注》,北京:中华书局,2007年版,第176页。

③ 邹同庆、王宗堂:《苏轼词编年校注》,北京:中华书局,2007年版,第177—178页。

艺术评鉴是文学典籍注释的重要内容,相对于思想内容,艺术品评更虚一些,自由度更大,主体性更强,不同的笺释者评价往往也不一样,甚至大相径庭。如李商隐《夕阳楼》①诗,清代对李商隐诗艺颇有发明的大学问家纪昀的评价是:"借孤鸿对写,映出自己,吞吐有致,但不免有做作之态,觉不十分深厚尔。"但张采田对纪评提出了异议,认为"此诗神味极自然,绝不见有斧斫痕"②。《夕阳楼》一诗相对浅直,尚且如此,对于像《燕台诗四首》一类朦胧晦涩的诗,见解那就更纷纭复杂了。

三、客观性与主观性的辩证统一

以上分别论述了文学典籍注释的客观性与主观性问题,需要进一步指出的是,客观性和主观性不是分立的,而是辩证统一在一起,两者既相互依存,又相互制约,你中有我,我中有你。

首先,客观性注释是主观性注释的基础。尽管文学作品反映生活有其特殊性,作品留下的阐释空间也比较大,但不管怎样阐释,都不能离开或违背客观性的信息,如上述《锦瑟》一诗,尽管有多种解释,但始终是以"瑟"为中心,联系李商隐的生平和时代背景来展开的。如果完全脱离客观性信息的制约,注者任意索解或随意发挥,甚至穿凿附会,那也就失去了文学典籍注释的意义,当然其结论也难以经得起历史的检验。

其次,主观性注释是客观性注释的超越。如果拘泥于客观性,不敢做任何"应然"和"所以然"的推测和解释,则同样也失去了文学典籍注释的意义。因此,注释时不能满足于停留在就事论事的基础性层面,而要在允许的范围内,主动、大胆超越客观性信息的限制,进行思想艺术等方面的阐释,如《锦瑟》一诗,

---

① 《夕阳楼》:"花明柳暗绕天愁,上尽重城更上楼。欲问孤鸿何处去,不知身世自悠悠。"

② 刘学锴、余恕诚:《李商隐诗歌集解》(增订重排本),北京:中华书局,2004年版,第84页。

如注者仅仅注释典故、串释句意,而不联系作者身世和时代背景进行解释,虽然稳妥,但却无助于诗意、诗艺的开掘和读者的理解。

最后,主观性注释与客观性注释是辩证统一的。钟宗宪指出:"文学不必出自真实的历史,也不必被特定现实的客观背景所圈限。历史的书写,或许是真实记忆的再现,也是未来记忆的依据。然而记忆却是经过选择的,甚至是编造的,可以加以推翻、修改、遗忘,再重新建构的。所谓的'历史'也好,'传统'也罢,这类话语所凭借的,未必就是纯然的真实,如同记忆的内容未必曾经发生。"①文学典籍毕竟是属于历史的,即使有极为翔实可靠的资料,对屈原、对李白等的理解依然都是经过我们选择的,是重新建构的屈原、李白,是滤尽了琐碎后的纯粹,其人其事都不是纯然的原人原事。因此,所谓的客观性和确定性是相对的,客观中依然有主观性,是主观中的客观。"人文学术论述的基础,在于文化记忆与生命价值的认同。因为认同于某一文化记忆而信以为真,因为认同于某一生命价值而趋于现实。"②同样,主观性也不可能完全是随意的、虚幻的,因其"文化记忆与生命价值的认同",而具有超越时空和具体人事的真实性和客观性,注释主观性中是有"趋于现实"的客观性的,是客观中的主观。

第四节　文学典籍注释的类型与风格

中国两千余年的注释实践,不断演变、不断革新,如何认识和解释注释演变的现象和内在规律是一个值得研究的问题。

---

① 钟宗宪:《人文学科的价值与时代性的"发明"》,《民间文化论坛》,2007年第3期。

② 钟宗宪:《人文学科的价值与时代性的"发明"》,《民间文化论坛》,2007年第3期。

文学典籍注释客观性和主观性的属性,与文学典籍注释的类型和风格息息相关,可以据此进一步研究文学典籍注释的类型和风格问题。

一、文学典籍注释的类型

文学典籍注释的类型多种多样,一般的研究都是从注释的内容、方法、体式或名称等方面加以区分的,缺乏统一的分类标准,类型多带有列举的性质,相互之间有交叉,没有排他性。根据文学典籍注释的客观性与主观性辩证统一的标准,我们将文学典籍注释的类型分为以下三大类[①]:

求实型。这种类型的注释偏重客观性,努力通过校勘、考据、文字训诂等途径以证实时、地、人、事、物和文本内容等的真实性和确定性,"相信阐释的有效性,幻想读者的理解与作者的意图达到同一"[②]。从路向上看,重在复(述)古,从目标上看,旨在确定已然,学风相对保守。

求是型。这种类型的注释偏重主观性,深钩远索,戮力挖掘、阐发文本背后蕴涵的微言大义和时代价值,"强调文本意义的不确定性,将阐释变为一种超越作者、超越语言文字的纯粹个人体验"[③]。从路向上看,重在当下和未来,从目标上看,旨在

[①] 周裕锴从言意关系的角度,概括了先秦儒、道两家不同的解释传统:"儒家的'言以足志''文以足言'与道家的'书不尽言,言不尽意'正好构成一对有趣的反题,既似针锋相对,却又互为补充。而这一反题从不同角度引发了两种影响深远的中国古代阐释理论:由前者引申出来的'以言求志'的方法,逐渐形成一种重视文字训诂的解释传统;由后者派生出来的'得意忘言'的方法,则发展为一种重视个人内心体验的阅读传统。"(周裕锴:《中国古代阐释学研究》,上海:上海人民出版社,2003年版,第36页。)这与本书从注释的客观性与主观性辩证统一角度提出的注释类型分类虽然立论的基础有所不同,但在很大程度上也说明了注释类型分类的合理性。

[②] 周裕锴:《中国古代阐释学研究》,上海:上海人民出版社,2003年版,第7页。

[③] 周裕锴:《中国古代阐释学研究》,上海:上海人民出版社,2003年版,第7页。

追求应然,开拓创新性较强。

综合型。这种类型不偏不倚,既注重客观性注释,也注重在客观性注释基础上的主观性阐释,古今贯通、主客融通,讲究平衡和中庸,学风相对严谨、稳重。

求实型偏重客观,风格朴实,注释结论的可靠性强,经得起时间的检验,但如过于追求客观性,则可能流于繁琐考证,释事忘义,最终会物极必反,拨乱反正走向求是型。求是型偏重主观,重在阐发义理,时代特征鲜明,但如果过于追求主观性,则又可能流于游谈无根,注释在历史中着色,也在历史中褪色,最终又会拨乱反正,钟摆摆向求实型。《四库全书总目提要》卷三十二毛奇龄《孝经问》提要:"汉儒说经以师传,师所不言,则一字不敢更。宋儒说经以理断,理有可据,则《六经》亦可改。然守师传者其弊不过失之拘,凭理断者其弊或至于横决而不可制。王、柏诸人点窜《尚书》,删削二《南》,悍然欲出孔子上,其所由来者渐矣。奇龄此书,负气叫嚣,诚不免失之过当。而意主谨守旧文,不欲启变乱古经之习,其持论则不能谓之不正也。"①《四库全书总目提要》这一段话,非常好地概括了汉儒和宋儒注释的不同特点及各自的优缺点,印证了本书所提出的"求实型"和"求是型"两种注释类型分类的合理性。

整体上,求实型和求是型是两种方向,除了走极端,更多的时候,文学典籍的注释还是一种综合型的,只是内部有所侧重而已。再放眼历史,古代以经注为主的一部注释史,很大程度上也是在这种主、客交替中行进和演绎的。大规模的注释始于汉代,今文经学占主流,专明微言大义,但"一经说至百余万言",则琐碎虚浮,古文经学以求实之风,用文字训诂起而正之。魏晋玄学超越言意之辩,得意忘言,张扬主体性,前进中又日渐玄远,唐人又重拾文字训诂,起而纠之。宋学兴起,高扬阐发义

---

① 纪昀等:《四库全书总目提要》,石家庄:河北人民出版社,2000年版,第846页。

理之时代大旗,但理学、心学以下,空疏学风日盛。乾嘉之学求新、求变,训诂极盛,义理、考据、辞章并重,再一次回归求实的朴学之风。

二、文学典籍注释的风格

以上类型的划分是从整体上说的,具体到不同时代、不同个人,价值取向则又会不一样,因此在类型划分的观照下,还可以进一步区分各种各样的注释风格。

时代风格。不同时代文化风尚不同,其注释的风格是有所差别的,如上述汉代的注释风格、宋代的注释风格以及清代的注释风格就比较鲜明。当然,这几个时代的注释风格比较集中、统一,其实,其他时代也有其特定的时代风格,如魏晋、唐代的注释风格等。

个人风格。即使是同一时代,具体到每个人,目的不同,其风格又是不一样的,有人繁琐,释事忘义,有人简约,精心剪裁;有人唯他,严谨细密,有人唯我,演绎挥洒。

因为古代交通、藏书、师承等主客观条件和原因,不同地域的注释风格也是不一样的,如清代钱谦益、朱鹤龄等所开创的诗歌注释流派。此外,不同民族文化背景不一样,也还有不同的民族风格,如中国经典注释的传统是注重实践,但理论体系、方法论的揭示和建构相对不足,呈现的是一种唯实型风格,而西方中世纪以来就形成了较为完备的注释方法体系,现代则更是形成了专门研究理解和解释的一般方法和本体论的解释学,这种注重理论思考、学理分析,追求所以然的风格,呈现的则是一种唯理型风格。

《诗序》认为《关雎》是歌颂"后妃之德也",汉代以来,有人支持,有人反对,争议不断,这就给我们很好的启示,要充分认识并尊重文学典籍注释客观性与主观性辩证统一的规律,否则偏执一端,实践中,就会出现脱离客观性的任意主观附会,或放弃主观性的纯然客观实证;批评中,就会出现以客观性去攻击主观性,或以主观性去批评客观性。正确的态度应该是,既要有科学的求实精神,又有要艺术的形象思维,既要遵循生活的逻辑,又要遵循艺术的逻辑,在主客观统一中,脚踏实地,大胆创新,不断开拓新的注释境界,不断提高注释的功能和价值。

第七章　文学典籍注释的统一性与层次性*

文学作品是作者创作的，而注释则是注者实现的，因此，文学典籍的注释至少涉及文本、作者和注者三个关键因素。为恰当地阐发作品意义，发挥注释的最佳效用，应该对文本的意义、作者的创作意图和注者的注释目的之间的关系有准确认识。如果认识不清、越出边界，注释就会显得杂乱，甚至出现矛盾和偏差，不利于提高注释质量，形成注释特色。根据文学创作和文学批评的基本理论，文本意义、作者创作意图和注者注释目的三者都与作品意义解读密切相关，基于我们的认识，这三者之间的关系主要表现在两大方面，一是注释的统一性，一是注释的层次性。关于文学典籍注释的统一性和层次性问题，是注释实践和文学理论研究中一个值得重视的问题，已有研究文献中已有所涉及，但就我们所掌握的资料来看，目前尚未见到该问题的专门论述，本章试就此问题进行探讨。

第一节　文学典籍注释的统一性

文学典籍注释的统一性是指文本意义、作者创作意图和注者注释目的是一个统一体，具体表现为文本内部意义的统一

---

*　本章内容曾以《论文学典籍注释的统一性与层次性》为题，发表于《海南大学学报》2016 年第 4 期，编入本书时内容有所改动和增加。

性,作者意图与文本意义的统一性,注释目的与作者意图、文本意义的统一性三方面。

一、文本内部意义的统一性

一部文学典籍,一般是由多篇作品组成的,一篇篇具体作品,是文学典籍的基本单元,如一部诗集的每一首诗、一部文集的每一篇文章。不同作品创作的背景不同,其思想内容、意蕴意味也可能不同,但是具体到每一篇作品之文本,其意义则应该是高度统一的。刘勰《文心雕龙·章句》说:"夫人之立言,因字而生句,积句而成章,积章而成篇。篇之彪炳,章无疵也;章之明靡,句无玷也;句之清英,字不妄也;振本而末从,知一而万毕矣。"①这非常精辟地指出了文本中字、句、章、篇之间的密切联系,一篇作品应该是一个"外文绮交,内义脉注"、结构严密、意义统一的有机整体。"夫缀文者情动而辞发,观文者披文以入情,沿波讨源,虽幽必显。世远莫见其面,觇文辄见其心。"②注释与"缀文"路向正相反,但毫无疑问也要充分尊重文本意义统一性这一规律,无论是注释字词、名物、典故,还是离章辨句、阐发意旨等,都要考虑到文本意义的整体性,整体和局部之间不能存在矛盾。

在注释实践中,围绕文本意义的统一性问题而出现注释争议的现象时有出现,如《诗经·卫风·氓》第一句"氓之蚩蚩"的注释,靳极苍列举了几家代表性的注释如下:

> 《毛传》注:"氓,民也。蚩蚩,敦厚之貌。"朱熹《诗集传》:"蚩蚩,无知之貌。"马瑞辰《毛诗传笺通释》:"蚩蚩,痴昧之貌。"王力主编的《古代汉语》云:"氓,

---

① 刘勰著、周振甫注:《文心雕龙》,北京:人民文学出版社,1981年版,第375页。
② 刘勰著、周振甫注:《文心雕龙》,北京:人民文学出版社,1981年版,第518页。

民,这里指诗中的男主角。蚩蚩,忠厚的样子。"①

对于"氓"和"蚩蚩"的这些注释,靳先生提出了不同的看法。靳先生认为,"氓"字自来就不是好字眼,引用了有关文献证明"氓"不是"民"的意思,应该是"自他归来之民"(段玉裁《说文解字注》)。诗中所以称对方男子为"氓",是有鄙而斥之的意思的。"蚩蚩"一词,靳先生也认为从来不是个好字眼,也引用了有关文献,证明"蚩"和"妍"相对,是丑恶的形象词,"蚩蚩"连用,当是加重其丑恶的笔法。因此,"蚩蚩"是不能解释为"敦厚""忠厚"等有良好意义的,也不能解释为"无知""痴昧"等有原谅意味的意义,依作者、作品以及这几个字的原义和构成的形象,"该讲作那个坏人(氓)丑恶极了(蚩蚩)"②。靳先生主要从整体诗意("从作品")的角度,并联系作者的情感,认为"蚩蚩"不应是"敦厚""忠厚"或"无知""痴昧"等意义,而应是"丑恶极了"的意思,且"氓"和"蚩蚩"从词义训诂的角度也有文献的依据,应该说靳先生的批评是很有道理的。但是,为什么其他诸家对"蚩蚩"一词不作"丑恶极了"之义解释呢?如果从"积章而成篇"的角度分析,我们会发现,《氓》一诗是按时间顺序叙述主人公婚姻生活的经历和感受的,"氓之蚩蚩"是诗首章的第一句,此时尚是感情的发端,主人公对"氓"的印象是良好的,是有甜蜜的期待的,这从第一章后面几句可以清楚地看出来:"送子涉淇,至于顿丘。匪我愆期,子无良媒。将子无怒,秋以为期。"主人公对于"氓"的称呼是"子",行为是"送子涉淇",态度是"将子无怒",如果此时就认为"氓"丑恶极了,就断不会有第二章美好的爱情生活了:"乘彼垝垣,以望复关。不见复关,泣涕涟涟。既见复关,载笑载言。"因此,如果深入分析作品,充分尊重文本

---

① 靳极苍:《诗词教学研究中的体会》,见《注释学刍议》,太原:山西人民出版社,2000年版,第116页。

② 靳极苍:《诗词教学研究中的体会》,见《注释学刍议》,太原:山西人民出版社,2000年版,第116—117页。

内部意义的统一性,"蚩蚩"还是作"敦厚""忠厚"解释好,至少也是带有爱意的"无知""痴昧"的意义。

文本内部意义的统一性这个问题看似简单,实则却比较复杂,在有些特殊情况下,还是一个不容易解决的问题。如《诗经·陈风·月出》一诗①,白静生对高亨《诗经今注》的注释提出了如下批评:

> 也有的不是通假字,有的人却以通假字来解释,如著名学者高亨先生一直坚持认为《诗·陈风·月出》第二章中的"懰"本为"刘",意思是"杀",三章的"燎"是"火烧",因此第一章的"僚"应看作"缭"的借字,解成"束缚缠绕",再引申为"五花大绑"。本来是在月光下思念心上人的男青年,在高先生笔下就变成五花大绑将被杀害的人了。其实"懰"的意思是"美好","燎"的意思是"娇美","僚"通"嫽",好貌,只因在辨别通假字方面高亨先生与一般人见解不同,才作出了这种离奇的解释。②

其实,如果进一步深究,高先生之所以这样解释,这还不是白静生文所指出的简单的通假字问题,而是文本意义统一性的问题。考察高先生对《诗经·陈风·月出》的注释,他认为该诗的主旨是:"陈国的统治者,杀害了一位英俊人物。作者目睹这幕惨剧,唱出这首短歌,来哀悼被害者。"正是本着这样的认识,高先生认为第二章"懰"的本字是"刘",意思是"杀戮",第三章的"燎"是"用火烧"的意思,既然第二、第三章"懰"和"燎"是"杀戮""用火烧"的意思,那么第一章的"僚"作本字解释就与文义

---

① 《诗经·陈风·月出》:"月出皎兮!佼人僚兮!舒窈纠兮!劳心悄兮!月出皓兮!佼人懰兮!舒忧受兮!劳心慅兮!月出照兮!佼人燎兮!舒夭绍兮!劳心惨兮!"(高亨《诗经今注》文本)

② 白静生:《殚精竭虑,不误后人——古籍注释杂谈》,《古籍整理研究学刊》,1987年第4期。

不谐,因此将之作"缭"的假借字,释作"束缚缠绕"。而且不仅是这几个词,"舒窈纠""舒忧受""舒夭绍"等高先生也作了不同的解释。高先生认为"舒,读为杼,木名,即柞树",相应地将"窈纠""忧受""夭绍"分别解释为:"窈纠",借为蚴蟉,老树枝干盘曲貌;"忧受",当是风吹老树的声音,忧如同飂,受如同飕;"夭绍",当借做摇桺,风吹树木动摇的状态。① 显然,高先生是从诗意整体性的角度做出的解释,为了自圆其说,证成其所理解的诗旨,所以对诗中有关的字词作了与之相应的解释。这里可比较一下程俊英、蒋见元《诗经注析》对该诗的注释。程、蒋二位先生认为该诗是一首月下怀人的诗,三章中的"僚""懰""燎"释义分别是:"僚,嫽的假借字。美丽";"懰,妖媚","懰是嬼的假借字";"燎,漂亮貌"。"舒"的释义是:"舒缓、迟慢。形容女子举止娴雅婀娜。""窈纠""忧受""夭绍"的释义分别是:"窈纠,形容女子体态的苗条。""忧受,形容女子行步舒徐婀娜。""夭绍,也是形容女子体态轻盈。"② 同样,程、蒋二位先生也是从诗意整体性的角度做出的解释,因为认为诗旨是月下怀人,对有关字词也就做出了与之相应的解释。实质上,两家对有关字词的解释本质上都是以假借来贯通,且也都有文本和词义训诂方面的一些依据,在没有诗的明确创作背景等旁证下,这样的诗意理解和字词释义有循环论证的性质,很难说谁对谁错。只能说,相对而言,从诗的意境角度,诗旨作月下怀人解,似乎更优美动人一些,如果作"杀害了一位英俊人物"解,则是月下杀人,是以"乐景写哀景",那可能就不是"劳心"的问题了。

综上所述,文学典籍的注释,一方面应该对文本内部意义的统一性有明确的认识,并努力对字词、典故、文章意旨等做出一致性的解释,但另一方面也不容忽视,即要认真审视所理解

---

① 高亨:《诗经今注》,上海:上海古籍出版社,1980年版,第184—185页。
② 程俊英、蒋见元:《诗经注析》,北京:中华书局,1991年版,第378—380页。

的意义是否科学、合理,是否还有更好的解释,不能简单地停留在能"自圆其说"的层次。

二、文本意义与作者意图的统一性

"夫诗以言志,而志由于境遇。"[①]文本是作者在特定情境下创作的,作者的人生际遇、生命体验及其对社会人生的看法等都会在文本中或隐或显地反映出来。严格地说,完全不体现作者创作意图、"作者之死"类的文本是不存在的,因此在笺释作品时就要充分尊重作者创作意图与文本意义的统一性,"知人论世""以意逆志",深入挖掘隐藏于文本中的言外之意、韵外之致。如李商隐《无题》诗[②],诗面是写一位少女成长、学艺的过程及爱情苦闷的情态,诗意显然。但是,如果仅作写实性的赋体诗来解读,则全失作者的创作意图,索然寡味,因此需要结合作者李商隐的人生经历,作"托寓少年有才、忧虑遇合之作"来解读,如刘学锴、余恕诚《李商隐诗歌集解》紧密联系李商隐的诗文和人生遭际做了这样的解读:"义山少年才俊,渴求仕进,然出身寒微,'内无强近,外无因依'(《祭徐氏姊文》),忧虑前途之心情时或流露于笔端。《初食笋呈座中》于抒写凌云壮志之间同时表剪伐之忧,可与此篇互参。"[③]无疑,这样的解读,大大深化了诗的内涵,意味深长。

当然,作者创作意图与文本意义统一性的问题,也看似简单,但其实却非常复杂,两者之间也有一个循环论证的问题,或是为了证成作者的创作意图,在文本的意义中寻找根据,或是为了发明文本的意义,在作者的创作意图中寻求支持,以达到

---

① 吴乔:《西昆发微序》,见《李商隐资料汇编》,北京:中华书局,2001年版,第266页。

② 《无题》:"八岁偷照镜,长眉已能画。十岁去踏青,芙蓉作裙衩。十二学弹筝,银甲不曾卸。十四藏六亲,悬知犹未嫁。十五泣春风,背面秋千下。"

③ 刘学锴、余恕诚:《李商隐诗歌集解》(增订重排本),北京:中华书局,2004年版,第27页。

文本意义和作者意图的统一。但是,如果把握不好,一者放大或偏离了,就会导致另一者相应放大或偏离,结果就会出现穿凿附会性的解读。清代学者吴乔力主诗的比兴特质,十分推崇李商隐诗歌,认为"凡诸篇什,莫不深远幽折,不易浅窥"[①]。令狐楚、令狐绹父子是李商隐生命中两位极为重要的人物,李商隐有多篇诗文明确反映了其与令狐父子的交往,如《天平公座中呈令狐相公》《酬别令狐补阙》等等,但吴乔对此加以了放大,其在《西昆发微序》中曰:

> 李义山《无题》诗,陆放翁谓是狭邪之语,后之作《无题》者,莫不同之。……《锦瑟》诗苏、黄谓是适、怨、清、和,果尔,成何著作?怀此疑者数年。甲午春,偶忆《唐诗纪事》云:"锦瑟,令狐丞相青衣也。"恍若有会。取诗绎之,而义山、楚、绹二世恩怨之故,了然在目。并悟《无题》同此,绝非艳情。七百年来,有如长夜。盖唐之末造,赞皇与牛、李分党。郑亚、王茂元,赞皇之人;令狐楚,牛、李之人。义山少年受知于楚,而复受王、郑之辟,绹以为恨。及其作相,惟宴接款洽以侮弄之,不加携拔。义山心知见疏,而冀幸万一,故有《无题》诸作。至流落藩府,终不加恩,乃发愤自绝。九日题诗于绹厅事,绹遂大恨,两世之好决然矣。《无题》诗十六篇,托为男女怨慕之辞,而无一言直陈本意,不亦《风》《骚》之极致哉!其故若此,以放翁之学识,犹不深考,况余人乎!作者之意,如空谷幽兰,不求赏识,固难与走马看花者道也。《无题》诗于六艺为比,自有次第。《阿侯》,望绹之速化也……至《九日》,而怒焉。……今于本集中抽取无题诗一十六篇为上

[①] 吴乔:《西昆发微序》,见《李商隐资料汇编》,北京:中华书局,2001年版,第265页。

卷,与令狐二世及当时往还者为中卷,疑似之诗为下卷,详说其意,聊命名曰《西昆发微》。①

可见,吴乔正是基于令狐父子和李商隐的复杂关系,将一般作"狭邪"或"艳情"解的无题诗,全"发微"作与令狐绹接遇的"作者之意"解读,以为"楚、绹二世恩怨之故,了然在目"。且扩大范围,编写"与令狐二世及当时往还者为中卷,疑似之诗为下卷"。对于吴乔这种牵强附会的解释,刘学锴进行了批评:

> 吴氏认为:"无题诗都有寄托,绝非艳情,而寄寓的内容则是对令狐绹的希望、欣羡、怨思、绝望、愤怒之情,并将《无题》诸诗按上述对令狐绹的感情发展过程排成次序。另外还将《曲池》《可叹》《富平少侯》《蜀桐》一类从题面到诗面都看不出与令狐有关的诗也解成为令狐而作。此书是首创义山《无题》寓托朋友遇合的专著,也是首开义山诗研究穿凿附会之风的著作,对后来冯浩、张采田直至今人均有深远的影响。"②

但同时,刘先生也指出:"但吴氏的看法并非毫无合理因素。因为与令狐二世的关系,确实是商隐一生经历中的大事,也是他诗歌中所抒写的种种人生体验、人生感慨的生活基础之一个方面,不能说对他的创作没有影响,问题是如何正确理解这种生活经历与其创作的关系。"③其实,不只是诗歌类文学作品,作者的创作意图和文本意义的矛盾统一性对于文学作品来说,是具有一定普遍性的。

再如《论语·子罕篇第九》第一章"子罕言利与命与仁。""仁"是孔子的核心思想之一,《论语》中多次论及,"子罕言利与命"还好

---

① 吴乔:《西昆发微序》,见《李商隐资料汇编》,北京:中华书局,2001年版,第265—266页。
② 刘学锴:《李商隐传论》,合肥:安徽大学出版社,2002年版,第894页。
③ 刘学锴:《李商隐传论》,合肥:安徽大学出版社,2002年版,第894页。

理解,但为什么孔子还罕言"仁"呢?显然,文本的意义与作者的意图不统一,于是便产生了各种各样的解释,杨伯峻注曰:

> 【注释】㈠罕——副词,少也,只表示动作频率。而《论语》一书,讲"利"的六次,讲"命"的八、九次,若以孔子全部语言比较起来,可能还算少的。因之子贡也说过,"夫子之言性与天道,不可得而闻也。"(《公冶长篇第五》)至于"仁",在《论语》中讲得最多,为什么还说"孔子罕言"呢?于是对这一句话便生出别的解释了。金人王若虚(《误谬杂辨》)、清人史绳祖(《学斋占毕》)都以为造句应如此读:"子罕言利,与命,与仁。""与",许也。意思是"孔子很少谈到利,却赞成命,赞成仁"。黄式三(《论语后案》)则认为"罕"读为"轩",显也。意思是"孔子很明显地谈到利、命和仁"。遇夫先生(《论语疏证》)又以为"所谓罕言仁者,乃不轻许人以仁之意,与罕言利命之义似不同。试以圣人评论仲弓、子路、冉有、公西华、令尹子文、陈文子之为人及克伐怨欲不行之德,皆云不知其仁,更参之以儒行之说,可以证明矣"。我则以为《论语》中讲"仁"虽多,但是一方面多半是和别人问答之词,另一方面,"仁"又是孔门的最高道德标准,正因为少谈,孔子偶一谈到,便有记载。不能以记载的多便推论孔子谈得也多。孔子平生所言,自然千万倍于《论语》所记载的,《论语》出现孔子论"仁"之处若用来和所有孔子平生之言相比,可能还是少的。诸家之说未免对于《论语》一书过于拘泥,恐怕不与当时事实相符,所以不取。于省吾读"仁"为"尼",即"夷狄"之"夷",未必确。①

---

① 杨伯峻:《论语译注》,北京:中华书局,2009年版,第85—86页。

通过杨先生的注释，可以看出，无论是从句读的角度，还是从文字、训诂等角度所做的各种解释，本质上都是想解决"子罕言利与命与仁"与孔子主张"仁"的思想之间存在的矛盾，以使文本意义和作者意图相统一。当然，不同的解释相互之间也存在合理性与不合理性的差别，如果没有文献以及词义训诂方面的佐证，有时也不免牵强，因此，我们认为，文学典籍注释中，一方面要充分尊重作者意图和文本意义的统一性，另一方面，也应以文本为依据，努力规避偏离或脱离文本的穿凿附会、凌空蹈虚性的解释。

与作者意图和文本意义统一性关系密切的还有一个问题，那就是人品与作品的统一性问题。中国传统思想文化和文学艺术批评中，对作者的人品都极为重视，被置于一个非常崇高的地位，人品在很大程度上决定了作品的高度和价值，像忠君爱国的屈原、杜甫、岳飞等人，其人及其作品备受赞誉，深刻地影响了中国的思想文化和文学艺术。但同时，也应该客观地认识到，每个人都是历史的，在事实、是非不是十分清晰的情况下，有时人生的抉择是很艰难的，难免会出现这样那样的问题或是被误解，如李白参加永王李璘的幕府等。文学是人学，因此，注释中对于人品的问题，同样要历史地看、人文地看，将人品和文品统一起来，要努力防止以人品批评代替作品批评，或以作品批评代替人品批评的情况。

三、注释目的与作者意图、文本意义的统一性

注者是注释过程中主体性的、能动的因素，从被注释文学典籍的选择到注释的最终完成，实际上都是注者实现的，因此注释中，注者的注释目的也应与文本意义及作者意图是一个和谐的统一体。朱熹从《礼记》中摘出《大学》《中庸》两篇，与《论语》《孟子》一起并为四书，并以毕生精力为之作注，一个很重要的目的就是要将这四书纳入自己的理学理论体系，通过注释四

书,来阐发自己的新儒学思想。如《论语·学而篇第一》第二章:"有子曰:'其为人也孝弟,而好犯上者,鲜矣;不好犯上,而好作乱者,未之有也。君子务本,本立而道生。孝弟也者,其为仁之本与!'"朱熹的集注如下:

> 有子,孔子弟子,名若。善事父母为孝,善事兄长为弟。犯上,谓干犯在上之人。鲜,少也。作乱,则为悖逆争斗之事矣。此言人能孝弟,则其心和顺,少好犯上,必不好作乱也。与,平声。○务,专力也。本,犹根也。仁者,爱之理,心之德也。为仁,犹曰行仁。与者,疑词,谦退不敢质言也。言君子凡事专用力于根本,根本既立,则其道自生。若上文所谓孝弟,乃是为仁之本,学者务此,则仁道自此而生也。○程子曰:"孝弟,顺德也,故不好犯上,岂复有逆理乱常之事?德有本,本立则其道充大。孝弟行于家,而后仁爱及于物,所谓亲亲而仁民也。故为仁以孝弟为本。论性,则以仁为孝弟之本。"或问:"孝弟为仁之本,此是由孝弟可以至仁否?"曰:"非也。谓行仁自孝弟始,孝弟是仁之一事。谓之行仁之本则可,谓是仁之本则不可。盖仁是性也,孝弟是用也,性中只有仁、义、礼、智四者而已,曷尝有孝弟来?然仁主于爱,爱莫大于爱亲,故曰:'孝弟也者,其为仁之本与!'"①

"仁"是孔子儒家思想的核心,但是这一段中"孝弟也者,其为仁之本与"不好理解。朱熹首先对文本中的字词和句子大意进行了简要的串释,然后抓住其中的关键词语"为仁",将"为仁"解释为"行仁",最后结合二程的注释,细致辨析了"仁"与"孝弟"之间的关系,深刻阐明了程朱理学对"孝弟也者,其为仁之本

---

① 朱熹撰、金良年今译:《四书章句集注》,上海:上海古籍出版社,2006年版,第59页。

与"内涵的理解:"故为仁以孝弟为本。论性,则以仁为孝弟之本。"这里如果对比一下《论语注疏》中宋人邢昺的疏,朱熹的注释目的就可以更明显地看出来。邢昺的疏仅是依文本训释,对"孝弟也者,其为仁之本与"没有进一步辨析,其注如下:

> 正义曰:此章言孝弟之行也。弟子有若曰:"其为人也,孝于父母,顺于兄弟,而好陵犯凡在己上者,少矣。"言孝弟之人,性必恭顺,故好欲犯其上者少也。既不好犯上,而好欲作乱为悖逆之行者,必无,故云"未之有"也。是故君子务修孝弟,以为道之基本。基本既立,而后道德生焉。恐人未知其本何谓,故又言:"孝弟也者,其为仁之本与?"礼尚谦退,不敢质言,故云"与"也。①

虽然注者的注释目的要与创作意图、文本意义相统一,但因为注者在注释中真正拥有自主权,有时就很容易超越文本意义及作者创作意图的约束,做出自己的阐释,因此,在注释中,对此要有清醒的认识。再以朱熹的注释为例,《论语·子罕》篇"子在川上,曰:'逝者如斯夫!不舍昼夜。'"《论语集注》注释如下:

> 天地之化,往者过,来者续,无一息之停,乃道体之本然也。然其可指而易见者,莫如川流。故于此发以示人,欲学者时时省察,而无毫发之间断也。○程子曰:"此道体也。天运而不已,日往则月来,寒往则暑来,水流而不息,物生而不穷,皆与道为体,运乎昼夜,未尝已也。是以君子法之,自强不息。及其至也,纯亦不已焉。"又曰:"自汉以来,儒者皆不识此义。此见圣人之心,纯亦不已也。纯亦不已,乃天德也。有

---

① 何晏注、邢昺疏:《论语注疏》,见《十三经注疏》,北京:北京大学出版社,2000年版,第4页。

天德,便可语王道,其要只在谨独。"①

朱熹采用的方法实质是"隐喻解诗"法,即"可指而易见者,莫如川流",以河流的川流不息,比作"道体之本然","将川流不停解释为道体不息、体道不止之意,这显然是脱离文本,在发挥其省察涵养、体会天理等学说了"②。不仅如此,朱熹还引用了二程的注释:在"与道为体"的基础上进一步发挥,论及"圣人之心""天德""王道",最后归结为"其要只在谨独",虽然隐喻解诗方法上有其合理性,但这样曲为之解,比附的痕迹是十分明显的。

曹顺庆、范利伟指出,当代西方文论的发展,让我们认识到"客观事物的确定性不像我们原来以为的那样独立于我们之外,而是由我们主客观共同构成的"。充分肯定了文学批评中主体性的作用,但是也提出,"怎样来限制读者阐释作品时的主体性和随意性,却仍然是一个大难题"③。确实,如果处理不好,文学批评中主体性就会失范,诚如胡功胜所指出的,"当下的批评实践中,不认真研读作品甚至根本不读作品即发表评论的现象比比皆是。有的批评家,自恃学理深厚,只了解一下文本的故事梗概就可以写出洋洋万言的文章。这些文章表面看起来视野开阔、旁征博引,却常常是牵强附会、无限拔高,将批评变成一种根据自己的需要而随意操作的东西"④。因此,在注释实践中,一方面要充分发挥注者的主体性,深入挖掘作品的内涵和意蕴,对文本做出创造性的解读,但同时,也要注意应充分尊重文本意义与创作意图,防止过度阐释,或是让注释成了注者

---

① 朱熹撰、金良年今译:《四书章句集注》,上海:上海古籍出版社,2006年版,第145页。

② 费振刚、常森、赵长征等:《中国古代文学要籍精解》,北京:北京大学出版社,2009年版,第97页。

③ 曹顺庆、范利伟:《阐释的限度:从话语权的角度重新认识文学史发展规律》,《江淮论坛》,2015年第4期。

④ 胡功胜:《文学批评:主体性的危机及其重建之维》,《江淮论坛》,2012年第5期。

的自说自话。

文本的意义、作者的创作意图和注者的注释目的是一个矛盾统一体,内部充满了张力,这既为注释提供了极大的空间,但同时又规约了注释活动的范围,完全同一,则失去注释的可能和必要,相互背离,则又"游谈无根",失去注释的本性和价值。

第二节 文学典籍注释的层次性

以上从三个方面论述了文学典籍注释中的统一性问题,这三个方面处于不同的层面,是一个递进的层级体系,使注释中作品意义的解读成为一个自我约束同时又自我发展的生长系统。

一、文学典籍注释的层级体系

张江指出:"相对于批评而言,创作是第一的,是实践的主体。批评是因为创作及成果而产生,因为作家及文本而生,批评家是附庸于他们并为他们服务。是文本的创作实践要求规定了批评的产生及生产,而不是相反。"[①]我们认同张先生的观点,认为注释过程中对作品意义进行解读时,文本意义、作者意图以及注者的注释目的几者之间不是无序和并列的,而应该是有方向和层次性的,其层级体系关系简要图示如下:

图8 文学典籍注释作品意义解读层级体系

这个图示的基本内涵是:

---

① 张江:《阐释的边界》,《学术界》,2015年第9期。

一、文本是一个具有自足性的基本单元,文本自身意义的统一性是注释系统的中心层次,也是意义相对客观的层次,即使在作者及创作背景一无所知的情况下,也可以通过文本细读,读出作品的意义。

二、文本是作者创作的,寄寓了作者的创作意图,第二个层次是作者意图和文本意义的统一,融入了作者因素,因此可联系作者来发明文本的言外之意、韵外之致,从而读出作品的意义。

三、注者是注释中的主体要素,其注释是有其特定之目的的,第三个层次是注者的注释目的与作者意图、文本意义的统一,进一步融入了注者的因素,可以发挥注者的主体性,阐扬作品的时代意义。

四、向上的实线箭头表示作品意义的解读以文本为中心,逐步融入作者创作意图、注者注释目的,形成一个由内而外、由古而今渐次开放的作品意义解读体系;向下的虚线箭头表示在作品意义解读的动态过程中,意义逆向融入、附着于文本,使文本的意义不断丰富,使文学典籍的生命历久而弥新。

经典何以成为经典,经典的意义是如何生成的?这是文学理论研究中的重要问题。经典何以成为经典,尽管答案不尽相同,但有两点是比较明确的,一是经典本身所具有的思想、艺术方面的成就,是作家、艺术家和作曲家们自己决定了经典[①];但是经典毕竟是静态的,其思想和艺术方面的成就不会自己显现,因此,经典化还离不开批评家卓越的阐释和评论,如朱立元尽管接受张江对自己关于"中国现代文学史上鲁、郭、茅、巴、老、曹经典作家地位的形成和确立,也是几十年来中外文学批评家无数阐释、评论综合起来的合力作用的结果"观点的批评,承认"一位作家的作品之成为经典,归根结底确实是来自于作

---

① 张江:《阐释的边界》,《学术界》,2015年第9期。

品本身的思想、艺术成就,而不是来自于批评家的推赞",但依然坚持认为"前者是基础、是前提,单靠后者是成就不了经典的"①,可见批评家在经典的形成和确立过程中依然重要。王宁也认为"经典的形成固然是由于作品本身,但批评家也在经典化的过程中起了很重要的作用"②。同理,经典的意义也不是完全由文本内生的,同样有作者和批评家的意义在其中,正如张江所指出的:"无论何种阐释,都应该在阐释过程中,努力实现与文本及作者的协商交流,在积极的协商交流中,不断丰富和修正阐释,构建文本的确定意义。"③"一部作品意义的阐释,并非只有作者本人才能完成,也并非全然依靠批评家的阐释,而应该是读者——批评家与原作者通过以文本为中心并围绕文本进行交流和对话而产生的结果。"④基于这些认识,我们认为以上所提出和构拟的作品意义解读的层级体系是有学理依据的,也是具有解释力的。

二、文学典籍注释层次性的意义

文学批评与接受理论的发展经历了一个从作者中心到文本中心再到读者中心的过程,这充分揭示了文学批评与接受过程中作者、文本和读者的重要性和意义。文学典籍注释本质上也是一种文学批评,而且其批评相对于文学研究的批评来说,其批评与文学典籍的联系更为密切,也更为直接,注者本质上也是读者,而且是更为专业更为权威的读者,因此,在文学典籍注释中应充分重视文本意义、作者意图及注释目的这三者之间辩证统一的关系。

---

① 朱立元:《追求文本自在意蕴与阐释者生成意义的有机结合》,《学术界》,2015年第9期。
② 王宁:《阐释的边界与经典的形成》,《学术界》,2015年第9期。
③ 张江:《阐释的边界》,《学术界》,2015年第9期。
④ 王宁:《阐释的边界与经典的形成》,《学术界》,2015年第9期。

文学典籍的注释是一个复杂的问题,既是一个不断追求文本或作者原意的过程,也是一个意义不断生成和创造的过程。对于古代文学典籍来说,作品文本是相对固定的,可以在保证内部意义统一性的前提下,训释字词、名物典故,分析篇章结构,释读作品意义,但这样在文本内部"就事论事"的解读,虽然比较稳妥、客观,但显然价值、意义有限,如上文中李商隐的《无题》(八岁偷照镜)诗,如仅以赋法解读,则意味大减。因此,需要超越文本,联系作者的生命历程和生活的时代背景来解读,读出文本中蕴涵的作者意图和微言大义,显然,这样"知人论世"性的释读,能更好地阐发作品的言外之旨,彰显作者的情志和品格,因而意义更丰富也更深刻些。这是文学典籍注释的第二个层次,但停留在这样的层次,仍有其局限性,是读者的阅读赋予了文学典籍以生命,因此,还需要进一步超越文本和作者,充分发挥注者的反应批评能力,"以意逆志",使作品"与时俱进",不断获得新的时代意义。如上述《四书章句集注》,通过注释,朱熹将之熔铸于自己的理学思想理论体系中,使原有典籍获得了新的时代价值,不仅大放异彩,而且影响深远。虽然将"逝者如斯夫"阐释作"道体之本然"有些牵强,但试想,这一句如果仅作字面之义解释,虽明白,但亦肤浅。

从认知的角度看,隐喻是人类认知的两种重要方式之一,文学的本质属性之一就是其表达的隐喻性,言在此而意在彼。吴乔指出:"盖赋必意在言中,可因言以求意;比兴意在言外,意不可以言求。"①这非常准确地抓住了文学的这一本质属性。其实,不仅比兴意在言外,要求其言外之意,即使是赋体之文、小说类作品,也是有其言外之意的,只是相对而言,比兴类的作品阐释的空白更大些。文学典籍的注释是一个系统,既要深刻把握文本意义、作者意图和注释目的三者之间的矛盾统一关系,

---

① 吴乔:《西昆发微序》,见《李商隐资料汇编》,北京:中华书局,2001年版,第265页。

规避不合理的释读,又要在允许的范围内,层层阐释,大胆创新,做出富有鲜明主体性和时代性的解释。

中国古代文学典籍极为丰富,注释在其传承和经典化过程中有重要作用。相较于其他形式的文学解读,文学典籍的注释具有一定的特殊性:一是实践性强,顶天又立地,既要阐发作品的意义,实现典籍的时代价值,又要把解读具体落实到每一项注释内容;二是注释内容和结果伴随文学典籍正文而行,并定型化为典籍形态的有机组成部分。因此一部文学典籍注释著作,其优、劣影响都是深远的。如何保证注释的有效性和创造性,又防止出现各种形式的强制阐释,这是一个重大的理论和实践问题。文本、作者和注者是注释中的关键要素,意义生成过程中,文本是内因,作者是外因,而注者是动因,作品的意义实则是三者的交融和化合,因此,注释实践中,有理由、也应该充分尊重注释的统一性和层次性规律,以不断提升注释的水平和文学典籍的境界。

文学活动中,作品意义的阐释是终极的目标,但作品意义的阐释又是一个难题,关于阐释的限度和边界等问题都是近些年来学界特别关注的。张江基于强制阐释论,提出了"文本阐释的有效性应该约束于一定边界之内,有效边界的规定是评估阐释有效性的重要依据"[1]。但清晰的阐释边界究竟在哪里,张先生从"对具体文本的阐释是否有限""阐释的当下性与历史本真的关系问题""如何认识经典及经典如何持续"几方面进行了思考,但最后依然有些无奈地指出:"如何在多元阐释的行程中防止无限度的强制阐释,又如何在文本意图的刻意追索中防止单一因素的偏执,是我苦苦不得其解的问题。"[2]从文学典籍注释的实践层面来看,阐释的边界也许就在文本意义、作者意图和注释目的三个层次的矛盾统一性之中。

---

[1] 张江:《阐释的边界》,《学术界》,2015年第9期。
[2] 张江:《阐释的边界》,《学术界》,2015年第9期。

第八章　文学作品类型与注释路径选择

一代有一代之文学,《诗经》《楚辞》、汉赋、唐诗、宋词直至元明清的戏剧和小说,文学代有发展,文体不断丰富,艺术表现方法不断创新,题材内容不断拓展,文学功能不断增强,形成了光辉灿烂的中国古代文学典籍宝库。不同类型文学作品的注释有很大共性,但作品文体的不同、艺术风格及题材内容等的差异,也使注释存在很强的个性,注释史上,伴随文学的发展,形成了丰富多样的注释类型和异彩纷呈的注释特色。如何根据文学作品的类型特点,有针对性地进行注释,形成鲜明的特色,以更好地帮助读者理解、鉴赏作品,提升作品的思想境界和艺术品位,最大程度实现注释的功能和价值,是文学典籍注释中一个重要的问题。但如何根据作品的类型特点,选择相应的路径,进行有针对性的注释,形成注释特色,就笔者所及,目前尚未见到该方面的系统探讨,鉴于此,本章重点从作品的文体特点、艺术反映方式和题材内容三个方面对作品的类型进行区分,然后据此类型区分,探讨文学作品注释的路径选择问题,并在此基础上进一步提出注释有效性的命题。

第一节　文学作品的类型

文学作品的类型极其丰富,可以从不同的角度进行分类。文体是最常用的分类,四部集部中的总集和别集基本上都是按文体编排的,其次,依据作品的艺术反映方式和题材内容的分类,也是文学作品重要的类型划分方法。文学作品的文体特点类型、艺术反映方式类型和题材内容类型与注释路径的选择密切相关,为使论题集中,以下主要讨论这三种作品类型。

一、文体类型

文体是客观的存在,中国人很早就关注到文体问题,《诗经》的"风、雅、颂"分类很早就启其源,到文学自觉的魏晋南北朝时期,对文体的认识即达到了相当的高度。刘勰的《文心雕龙》从理论上论述了各类文体的发展和艺术特征问题,并论及了34大类、近40小类共70余种文体①。而萧统的《文选》本着"事出于沉思,义归乎翰藻"的选文标准,从文学实践上,将所选的510篇诗文分为39大类,整体上形成了赋、诗、文三大类的分类格局。

文体是不断发展的,对文体的研究也不断深化,"文体分类的发展与嬗变,是一部人们对文体的认识史"②。但一方面由于文体本身的复杂性,涉及文章的功能、形式、内容、艺术特点以及分类对象等多方面,另一方面由于对文体的认识涉及时代背景、文学观念以及研究者的主体意识等多重因素,因此,不同研究者提出的分类体系不尽相同,对此,本章不拟展开论述。袁行霈所著《中国文学概论》(增订本)全书五编,第一编是总论,第二至第五编是"诗赋论""词曲论""小说论""文章论",分别论述了"诗赋""词曲""小说""文章"四大类文体的流变、体制与风格特点。袁先生虽不是专论文体分类的,但实际上是按文体分类进行论述的,且该书的研究对象是古代文学范畴,这与本文

---

① 张少康:《〈文心雕龙〉的文体分类论——和〈昭明文选〉文体分类的比较》,《江苏大学学报》,2007年第1期。
② 金振邦:《略论中国古代文体分类》,《东北师大学报》,1989年第4期。

的论题比较吻合,因此加以借鉴,现简要将其分类述及如下①:

诗赋类:包括诗与赋两大类,其中诗包括《诗经》《楚辞》、汉乐府、古体诗、近体诗(唐诗、宋诗、元明清诗),赋主要是汉赋。

词曲类:包括词和曲两大类,词主要是宋词(北宋词、南宋词),曲包括元散曲、元杂剧、宋元南戏以及明清传奇。

小说类:主要包括文言小说和白话小说两类。

文章类:诗赋、词曲、小说以外的各类文章,主要有散文和骈体文章两类。

毋庸置疑,不同文体类型的作品其文体特征是不相同的,但因为文体分类是一个层级体系,大类下面还可以区分出小类,因此,即使属于同一大类的文体,具体到小类,其艺术风貌依然会有差异,如诗和赋就有很大的不同,"诗者缘情,赋者体物;诗不忌简,赋不厌繁;诗之妙在内敛,赋之妙在铺陈;诗之用在寄兴,赋之用在炫博"②。如果再具体些,同是诗,则古体诗和近体诗、律诗和绝句的艺术特色是有所不同的,同是赋,大赋和小赋其艺术特色也是有差别的。

二、艺术反映方式类型

文学虽是对社会现实生活艺术的反映,但其反映的方式却是多种多样的,据此,也可以对文学作品进行分类。童庆炳主编的《文学理论教程》根据"文学创造的主客体关系和文学作为意识形态对现实的不同反映方式,把文学作品分为现实型、理想型和象征型三种类型。现实型文学是一种侧重以写实的方式再现客观现实的文学形态。理想型文学是一种侧重以直接抒情的方式表现主观理想的文学形态。象征型文学是一种侧

---

① 袁行霈:《中国文学概论》(增订本),北京:北京大学出版社,2010年版,第119—327页。

② 袁行霈:《中国文学概论》(增订本),北京:北京大学出版社,2010年版,第202页。

重以暗示的方式寄寓审美意蕴的文学形态。三种文学类型的形成,是人类文学创作活动的历史产物。"①不同艺术反映方式的作品,其艺术特征也是不一样的,现实型作品的基本特征是再现性和逼真性,忠于实际社会生活,真实地再现现实情况,典型的如被称为"诗史"的杜诗和主张"文章合为时而著,歌诗合为事而作"的白居易诗。理想型作品的基本特征是表现性和虚幻性,取材多超越现实生活,充分运用虚构、夸张、变形的方法,追求艺术的真实和一种应然,典型的如屈原创作的楚辞和被称为"诗仙"的李太白诗作。象征型文学作品的基本特征是暗示性和朦胧性,侧重于在艺术形象中寄寓某种情感、意念,是一种间接的表达方式,意义不在其形象自身,往往超越形象之外,作品意义往往具有多义性和模糊性,这方面典型的如迷离惝恍的李商隐诗。当然,现实型、理想型和象征型的区分是从整体上或创作倾向上说的,实际上,即使同一作者,其创作的表现方式也不是单一和固定不变的,另外,很多文学作品都是多种表现方式综合运用的,再现和表现交织,铺叙和象征交融,如屈原的《离骚》、李白的《行路难》等。

三、题材内容类型

虽然说生活的范围有多宽广,文学作品的题材就有多宽广,但文学作品的母题毕竟有限,因此依据作品的题材内容分类也是文学研究的重要方法。如上述《文选》39类文体,大类下的次类就是根据作品的题材内容(或主题)来划分的,如赋下再分京都、郊祀、耕藉、畋猎、纪行、游览、宫殿、江海、物色、鸟兽、志、哀伤、论文、音乐、情15类,诗下再分23小类,分别是补亡、述德、劝励、献诗、公宴、祖饯、咏史、百一、游仙、招隐、反招隐、游览、咏怀、哀伤、赠答、行旅、军戎、郊庙、乐府、挽歌、杂歌、

---

① 童庆炳:《文学理论教程》(修订二版),北京:高等教育出版社,2004年版,第185页。

杂诗、杂拟。① 文学作品的解读,最终目标就是要揭示作品的主旨与意义,且文学作品是内容和艺术形式的统一,因此,作品的题材内容或主题不同,注释的重点也就会有差异。

以上从三个角度简要分析了文学作品的类型问题,但这三个方面不是截然独立的,相互之间往往有交叉,形成复杂的作品类型关系,其关系简要图示如下:

图9 文学作品的类型关系

文体类型、反映方式类型、题材内容类型三者,其中一者相同,另外两者可以有不同,比如同一文体类型的作品,其艺术反映方式和题材内容可以不同,如诗歌文体,李白的诗歌风貌侧重于理想型,而杜甫的诗歌则侧重于现实型,具体到同一位诗人,如李商隐,其主体诗风是属于瑰丽精工、朦胧晦涩的象征型,像其代表性的无题诗,但同样也有反映社会生活的现实型诗和清新流畅的白描型诗,如《行次西郊作一百韵》《落花》(高阁客竟去,小园花乱飞)等,再如同是小说文体,神魔类的《西游记》和世情类的《金瓶梅》,它们在题材内容和艺术表现方法方面是不同的。如从反映方式类型或题材内容类型角度看,也是如此,兹不一一赘述。当然,也可能文体类型、反映方式类型、题材内容类型中两者甚至三者都相同,但即使这样,不同作家其艺术风格类型还是有所区别的。

第二节 作品类型与注释路径选择

面对各类文学作品,要做到注释的针对性,彰显各类作品

---

① 萧统编、李善注:《文选》,上海:上海古籍出版社,1986年版。

的特色,从原则上说,就需要根据不同类型作品的特点进行注释。就目前来看,注释实践中多是普适性的注释,不同类型作品的注释内容、体例等基本相同,根据作品类型进行有针对性注释的尚不多见,有的注释虽有所显现,但自觉性远不够,如仇兆鳌的《杜诗详注》,其凡例中除主要交代杜诗的注释问题外,还专列了"杜赋注解""杜文注释"两条说明:

> 一、杜赋注解。少陵诸赋,廓汉人之堆垛,而气独清新,开宋世之空灵,而词加典茂,亦唐赋中所杰出者。其《三大礼赋》,有东莱、长孺二注。《封西岳》一赋,朱注尚未详尽。兹于四赋,多所补辑。若《雕》《狗》两赋,则出自新注云。

> 二、杜文注释。古人诗文兼胜者,唐惟韩、柳,宋惟欧公、大苏耳。且以司马子长之才,有文无诗,知兼美之不易矣。少陵诗名独擅,而文笔未见采于宋人,则无韵之文,或非其所长。集中所载墓志,尚带六朝余风,惟《祭房相国文》,清真恺恻,卓然名篇。其代为表状,皆晓畅时务,而切中机宜。朱氏辑注已明,惟间附评释而已。①

从仇氏的说明可以看出,他是清醒地认识到了杜甫赋和文的成就和特点的,但是其并未着意对杜甫赋与文进行有针对性的注释,而主要是"多所补辑"与"惟间附评释而已",考察其自出新注的《雕》《天狗赋》二赋,亦未见有与诗注明显的区别。

文学作品的类型特点是丰富多彩的,有的在某一方面特色鲜明,有的则兼具多方面特色,因此就要根据注释的目标和读者预期,选择与作品类型特点相匹配的注释路径。

---

① 仇兆鳌:《杜诗详注》,北京:中华书局,1979年版,凡例第25页。

一、单一路径

所谓"单一路径",就是指注释时根据作品实际,重点突出作品某一方面的类型特点,或是文体的,或是艺术反映方式的,或是题材内容方面的。如李白的名篇《蜀道难》,清代王琦注曰:

> 胡震亨曰:此诗说者不一,有谓为严武镇蜀放恣,危房管、杜甫而作者,出范摅《云溪友议》,新史所采也。有谓为章仇兼琼作者,沈存中、洪驹父驳前说而为之说者也。有谓讽玄宗幸蜀之非者,萧士赟注语也。兼琼在蜀,无据险跋扈之迹可当斯语。而严武出镇在至德后,玄宗幸蜀在天宝末,与此诗见赏贺监,在天宝初者,年岁亦皆不合。则此数说似并属揣摩,愚谓《蜀道难》自是古《相和歌曲》,梁、陈间拟者不乏,讵必尽有为而作。白蜀人,自为蜀咏耳,言其险,更著其戒,如云:"所守或匪亲,化为狼与豺。"风人之义远矣,必求一时一人之事以实之,不几失之凿乎?①

今人安旗主编《李白全集编年注释》注曰:

> 本篇则纯用比兴,借蜀道之巉岩畏途以喻仕途之坎坷,借旅人之蹇步愁思以喻失志之幽愤。②

《蜀道难》一诗想象丰富,以夸张的手法艺术地再现了"蜀道"的奇险与壮伟,行间点明作意:"其险也若此,嗟尔远道之人胡为乎来哉?""所守或匪亲,化为狼与豺"。从艺术反映方式看,描写基础上纯用比兴,属于象征型作品。因此对本诗诗旨的探寻,要么就事论事,谈蜀道之艰险与雄奇,要么是以比兴寄托解

---

① 王琦:《李太白全集》,北京:中华书局,1977年版,第168页。
② 安旗、薛天纬等:《李白全集编年注释》,成都:巴蜀书社,1990年版,第175页。

诗,务求言外之旨,很显然,尽管王琦、安旗的解读结果不一样,可能存在对错优劣之分,但实质上选择的注释路径是一样的,都是循着"比兴"这一艺术反映方式,以比兴寄托解诗,深求诗外之意。比较有意思的是,詹锳以大量篇幅,通过严密考证,否定了"罪严武、讽玄宗幸蜀、讽章仇兼琼"三说,但又不承认该诗"即事成篇,别无寓意",于是贯通全集,认为太白《剑阁赋》《送友人入蜀》二诗与本诗俱是先后之作,最后从《蜀道难》之名称渊源入手,认为诗取阴铿"蜀道难如此,功名讵可要"之意。①尽管詹先生做了很大努力,但因为作品的比兴、象征性特性,其解释依然无法跳出比兴解诗的轨辙,依然只能算作解释之一。

再如李商隐《回中牡丹为雨所败二首》,"意在凌空,不着边际"(胡以梅),循着比兴寄托的路径,不同注者就会做出不同的笺释,有谓为"此感容华之忽谢也"(姚培谦)、有谓为"叹长安故妓流落回中者"(程梦星)、有谓为"义山在安定借牡丹以寄慨身世之诗"(汪辟疆),如此等等,不一而足。甚至同一人,前后解读的结果也会不一致,如何焯之笺释:"回中为安定地,则此诗作于依王茂元于泾源之时。详味二篇领句,似皆有所思而托物起兴者,其或亦为甘露罹祸者而发耶?舒元兴以《牡丹赋》知名,于诸相中最为早达。下苑莫追,榴花浪笑,虽不敢强为之说,世有知言之君子,必将有以解予之惑也。(庚午夏日)○后细读《牡丹赋》,无一语与此诗相涉,则非为甘露罹祸者发也。'下苑'句乃自言未得曲江看花尔。"②对于象征型的作品,笺释有时确实比较困难,常常会陷入解则失之、不解则又无味的两难境地,因此我们认为,不妨从注释路径方面做些调整,与其在揣测诗旨方面费力、求深,倒不如在方法上进行指引,在艺术审

---

① 詹锳:《李白全集校注汇释集评》,天津:百花文艺出版社,1996年版,第311—314页。

② 以上所引笺释转引自《李商隐诗歌集解》(刘学锴、余恕诚:《李商隐诗歌集解》(增订重排本),北京:中华书局,2004年版,第302—305页。)

美方面多下功夫,以引领读者充分感受、领略作品的艺术美。

单一路径注释的优点是比较简明,容易凸显作品主要特色,给读者留下深刻印象,特别是对于一般读者的阅读,往往注释效果较好。但如果是类型特色多样性的作品,选择单一性路径注释,一方面会造成选择时取舍的困难,另一方面也不容易突出作品的多重特色,因此,很多时候,需要根据作品实际,选择复合路径进行注释。

二、复合路径

所谓"复合路径",就是指在注释中不止突出作品的某一方面特色,而是同时突出几方面的特色。具体来说,就是在文体特点、反映方式、题材内容几方面进行选择,可以择其二,也可以择其三。

伴随明清白话章回小说的蓬勃发展,小说评点这种新的笺释方式也逐渐发展成熟起来。小说这类叙事文体不同于诗赋、词曲,有其自身的艺术特点,如注重人物形象的塑造、故事情节的曲折与完整等。《金瓶梅》是中国文人独立创作的第一部长篇白话世情小说,是一幅明末的浮世绘,小说在题材内容、反映方式和艺术技巧等方面都开拓了新的艺术境界,在中国小说史上具有重要的意义。清代张竹坡对《金瓶梅》的评点非常出色,其通过书首专论、回首总评、眉批以及随文夹批、圈点等方式,对小说进行了全面、深入的评点。题材内容与反映方式方面,《金瓶梅》是以写实性的笔触,真实再现了明末广阔的市井社会生活,这显别于此前《三国演义》《西游记》等小说的题材内容和艺术表现方式,张竹坡"紧紧把握住《金瓶梅》的美学风貌,以'市井文字'概括其艺术特色"[①],展开系统点评。《金瓶梅》的人物形象多是日常生活中的反面人物,张竹坡的评点,用笔最多

---

① 吴敢:《〈金瓶梅〉评点综论》,《明清小说研究》,2013 年第 3 期。

的是人物塑造,很好地总结了小说这方面的创作经验,特别是抓住人物个性的展现,对《金瓶梅》的创作方法做了一些规律性的概括。① 当然,张竹坡对《金瓶梅》的评点内容不止这些,但是通过以上简要分析,可以看出,张竹坡是非常敏锐地捕捉到了《金瓶梅》在题材内容、艺术表现等方面的特点和新创,选择复合路径进行了点评,极大地提升了《金瓶梅》的艺术价值和评点水平,也奠定了明清小说的基本美学风貌。

当然,这里需要进一步指出的是,以上从三个角度对作品类型的分类还是粗线条的,每一大类下面还可以继续再分成更多的小类,而且这些小类也同样会交叉和复合,形成更复杂的类型特点,因此,以上论述的单一路径和复合路径的选择问题事实上是相当宽泛的,如果再深入、细化,则路径更多、更复杂,阐释的策略也会相应不同。如周裕锴指出:"中国诗歌阐释策略的选择,与其对应的文本类型、或阐释者判定的文本类型密切相关,二者互相制约。换言之,诗歌文本类型与阐释策略之间存在着一种互动的关系。"②他将诗歌文本的类型分为两两相对的四组(即群体之诗与个体之诗,记事之诗与象喻之诗,有意之诗与无意之诗,学人之诗与风人之诗),深入分析了诗歌文本类型和阐释策略之间的互动关系。③ 因此,这就要求我们在注释实践中一方面要有明确的路径选择的方法论意识,另一方面又要深入到文本内部,具体问题具体分析,不能把复杂的问题简单化、教条化。

---

① 吴敢:《〈金瓶梅〉评点综论》,《明清小说研究》,2013年第3期。
② 周裕锴:《中国古典诗歌的文本类型与阐释策略》,《北京大学学报》,2005年第4期。
③ 周裕锴:《中国古典诗歌的文本类型与阐释策略》,《北京大学学报》,2005年第4期。

第三节　文学作品注释的有效性

中国古代的文学典籍注释实践极为发达,历代优秀的注释著作是层出不穷,但如何衡量、评价一部文学典籍注释的质量和成就,目前的研究基本是个案式的,就事论事,具体评论某一部注释著作的优劣,尚没有建构一套具有普遍意义的评价标准,这既制约了理论研究的进展,也影响了对注释实践的引导。在以上论述的基础上,本章进一步提出注释有效性的问题,以期推进文学典籍注释评价标准的建立和探讨。

一、共同性注释

注释的内容非常广泛,鉴于以往研究对注释内容的探讨,多以平列的方式存在,内部结构的系统性不强的问题,第四章曾将注释的内容区分为确立文本和注释文本两个基本层次,然后再进一步具体分析各自下位的内容。其中确立文本包括文本复原和文本选择两种情况,以恢复文本的历史真实面貌,根据注释目的确立待注释文本的样态。注释文本区分为文本疏通、文本解释和文本阐释三个基本层次,目的是扫除读者在语言文字、典章制度等方面的阅读障碍,对文本的思想内容、艺术形式等做必要的解释和阐发。不同类型的文学作品,因为同属文学的大范畴,因此确立文本和注释文本这些内容,对于各类文学作品来说,一般都是必需的,是共同性的注释。

二、针对性注释

如何根据作品的性质,在共同性注释基础上进一步突破,做到有针对性地注释,并力争注出特色,使文学典籍的注释臻入上乘,这是一个很费思量也很值得探索的问题。不同于一空依傍的文学创作,可以自由创造,彰显个性,文学典籍的注释是一种"以注为创"的特殊著述方式,是有限性著述和间接性著述的统一,既要带着镣铐,又要跳出最美的舞蹈。因此,要寻求突破,上选应该是从注释对象方面寻求突破,也就是要依据作品的性质进行有针对性的注释,以突出重点,形成特色。如上述张竹坡对《金瓶梅》的评点,其评点如果不能高屋建瓴,站在小说创作发展史的高度,敏感地捕捉到《金瓶梅》在题材内容、艺术表现方面的特色和创新,而仅仅从小说文体特点方面入手,对情节、人物等做一些共性的、泛泛的评价,那其评点将会大为逊色,可能非但不能提高小说的艺术境界,反倒还会成为读者阅读的负担和干扰。

三、特色性注释

应该说,能有的放矢地做到针对性注释,也就富有特色了。但是,我们认为,注释无论作为一种特殊的历时传播方式,还是一种特殊的著述方式,都不是真的述而不作,而是要有创造的,要有鲜明的时代性和个人特征,因此,有理由也应该在共同性注释、针对性注释的基础上,进一步追求特色性注释,凝练出特色。钱钟书是20世纪宋诗研究的大家,《宋诗选注》是其理论研究和实践探索的结晶。尽管该书自1958年出版以来,关于诗的选目和注释从整体到局部,都还存在一些不同的看法,但是《宋诗选注》的鲜明特色却是学术界公认的。① 其鲜明的特色就是钱先生在共同性注释(如作者简介,字词训诂、典故注释)及针对性注释(如诗旨和诗艺阐发)的基础上,以幽默诙谐而又生动形象的语言对作者的创作和诗艺或从整体或从局部做了精彩的鉴赏和评论,极大地提升了注释的水准和读者的阅读快感,对此,王水照、内山精也在《关于宋诗选注的对话》中进行了充分肯定,兹转引如下:

---

① 王友胜:《五十年来钱锺书〈宋诗选注〉研究的回顾与展望》,《文学遗产》,2008年第6期。

钱先生的注释，打破了传统选本着重于词语训释、名物阐解、章句串讲的框架，而是把注释和鉴赏、评判结合起来。他运用的基本方法是比较法。比较的项目有题材、境界、风格、意象、句式、用语等，比较的类型有平行比较和影响比较，而涉及的学科有政治社会学、民俗学、心理学、逻辑学、方言学等，正是在广阔的文化背景上展开以鉴赏评判为目的的多种比较，使此书在诗歌鉴赏学上达到一个崭新的高度。用时下流行的话来说，这是多角度、全方位的立体式鉴赏。它的最大特点是使传统的直觉体验和主观感悟式的鉴赏，上升到理性的艺术规律性的认识。[①]

关于《宋诗选注》这一方面特色，在第四章注释的本体结构中曾举过钱先生对李觏《乡思》一诗的注释做过说明，这里再来看看钱先生对苏轼的介绍。钱先生没有像一般注释那样详细介绍作者生平和创作，只是对之做了极简略的介绍，而把重点放在了苏轼诗文词的艺术特色方面。他首先引用苏轼批评吴道子画的评语（"出新意于法度之中，寄妙理于豪放之外"），指出这两句也可应用在他自己身上，来概括苏轼的整体艺术成就，然后细致分析了苏轼在风格上的大特色，最后指出"苏轼的主要毛病是在诗里铺排古典成语"，下面转引钱先生关于苏轼在风格上的大特色的评论，以见其注释特色的一斑：

他在风格上的大特色是比喻的丰富、新鲜和贴切，而且在他的诗里还看得到宋代讲究散文的人所谓"博喻"或者西洋人所称道的莎士比亚式的比喻，一连串把五花八门的形象来表达一件事物的一个方面或一种状态。这种描写和衬托的方法仿佛是采用了旧

[①] 王水照、内山精也：《关于〈宋诗选注〉的对话》，见《钱钟书杨绛研究资料集》，武汉：华中师范大学出版社，1997年版，第373—374页。

小说里讲的"车轮战法",连一接二地搞得那件事物应接不眼,本相毕现,降伏在诗人的笔下。在中国散文家里,苏轼所喜欢的庄周和韩愈就都用这个手法;例如庄周的《天运》篇连用"刍狗已陈""舟行陆、车行水""猿狙衣服""桔橰""柤梨橘柚""丑人学西施"六个比喻来说明不合时宜这一点,韩愈的《送石处士序》连用"河决下流""驷马驾轻车就熟路""烛照""数计""龟卜"五个比喻来表示议论和识见的明快这一点。在中国诗歌里,《诗经》每每有这种写法,像《国风》的《柏舟》连用镜、石、席三个形象来跟心情参照,《小雅》的《斯干》连说"如跂斯翼,如矢斯棘,如鸟斯革,如翚斯飞"来形容建筑物线条的整齐挺耸。唐代算韩愈的诗里这类比喻最多,例如《送无本师》先有"蛟龙弄角牙"等八句四个比喻来讲诗胆的泼辣,又有"蜂蝉碎锦缬"等四句四个比喻来讲诗才的秀拔,或像《峋嵝山》里"科斗拳身薤倒披"等两句四个比喻来讲字体的奇怪。但是我们试看苏轼的《百步洪》第一首里写水波冲泻的一段:"有如兔走鹰隼落,骏马下注千丈坡,断弦离柱箭脱手,飞电过隙珠翻荷",四句里七种形象,错综利落,衬得《诗经》和韩愈的例子都呆板滞钝了。其他像《石鼓歌》里用六种形象来讲"时得一二遗八九",《读孟郊诗》第一首用四种形象来讲"佳处时一遭",都是例证。词里像贺铸《青玉案》的有名结句把"烟草""风絮""黄梅雨"三者来比"闲愁",就是"博喻"的佳例,最突出的是嫁名谢逸的《花心动·闺情》用"风里杨花"等九物来比好事不成(《全宋词》六百五十二页)。上古理论家早已著重诗歌语言的形象化,很注意比喻;在这一点上,苏轼充分满足了他们的要求。①

可以看出,钱先生的注释,一方面已经超越了一般就诗注诗的范畴,而是结合诗歌的选注和注释,对作者的艺术成就进行了高度概括和提炼,彰显了注家自己的文学观,另一方面,通过古今中外纵横比较,充分展示了博喻的内涵及苏轼诗在博喻方面的大特色,显然,这样的注释特色是非常鲜明的。

综上所述,共同性注释、针对性注释、特色性注释是一个层递的系统,前者是后者的基础,后者是前者的升华,由表入里,由形入神,高度不断上升,特色不断彰显,其相互关系简要图示如下:

图 10　文学作品注释的层级体系

我们曾从系统论的角度,论述了文学典籍注释的本体结构,认为其应该包括主体要素、对象要素、内容要素、方法要素和目的要素五个方面,分别回答注释中谁在注、为谁注、注什么、怎么注和为什么注五个基本问题。并在此基础上提出注释质量的评判标准:应紧扣注释本体结构的各要素,以注释目的为灵魂,综合进行测评。显然,这样的评价标准虽具有普适性,但还没有深入到作品的内部,因此我们认为这只是通用性评价标准,即使综合测评,完全符合评价标准,至多也只能算是"好"的注释著作,还难以算作上乘的注释著作。而要成为上乘的注释著作,则就要立足作品特征,发挥注者特长,在共同性注释的坚实台基之上,进一步追求针对性注释、特色性注释,不断拔

---

① 钱钟书:《宋诗选注》,北京:生活·读书·新知三联书店,2002年版,第99—101页。

高、向上，铸成一座基础宽厚、巅峰耸立的注释金字塔。

　　对于注释史上形成的一些优良传统，我们理应坚持和固守，但是，面对变化的世界和文学阅读、接受的语境，注释同样需要大胆变革，锐意创新。就笔者接触到的一些文学典籍注释著作而言，广大专家学者数十年如一日，辛勤耕耘，付出了艰辛的劳动，毫无疑问都是严谨的优秀学术著作，但阅读后仔细回想、品味一下，平心而论，似乎又觉得共同性注释有余，而针对性、特色性注释不足。因此，我们认为，实践中，既要深入注释，又要跳出注释，不能让注释的效用在不堪重负的资料累积和旁征博引中变得软弱无力，更不能让注释的生命力淹没在面面俱到的繁琐中，注释应该有所为有所不为，在完成基础性注释后，就要努力根据作品的类型特征，进行针对性注释，注出鲜明的特色。某种程度上可以说，注释的生命力决定了文学典籍的生命力，注释的重要性和重大意义不能仅存在于认识和观念中，而要落实到实践中，以强有力的注释成果来证明、来保证，也以之来赢得读者。

第九章　文学典籍注释的传承与创新

　　文学典籍是古代典籍的重要组成部分,在中华文化的历史发展和当下的文化建设中意义重大。但文学典籍毕竟属于历史,从语言文字到思想艺术等人们都日益陌生,时代在发展,当前的阅读语境也发生了深刻的变化,这些都对文学典籍的传承提出了严峻的挑战。注释作为实现文学典籍古为今用的重要方式,对此必须做出有力的回应,否则文学典籍就有可能逐渐走向衰落,从而影响中华优秀传统文化的传承和发展。

　　要担当起注释的使命,发挥文学典籍注释的独特功能和价值,就必须正视当下所遇到的现实困境,遵循文学典籍注释的基本理论和规律,努力寻求突破,从观念到行为,从内容到形式,从理论到应用,不断创新,坚持在创新中继承,在继承中发展,以创新来解决前进中的问题,以创新来实现优秀传统文化的创造性转化和创新性发展。

第一节　文学典籍传承的现实困境

　　文学典籍传承的现实困境主要来自两方面,一是其自身固有的历史性,一是当前泛媒介化的阅读语境。

一、渐行渐远的历史时空

　　文学典籍是历史上产生的,远的如《诗经》,距今已有二三千年,近的按对古籍的一般认识,也有上百年。文学典籍反映了古代的社会生活和古人的思想情感,承载了光辉灿烂的历史文化精神,但随着时间的推移,记录典籍的语言文字的音、形、义不断演变,社会文化生活也不断变迁,后人阅读、理解古代文学典籍,所遇到的语言文字和历史文化等方面的障碍越来越多,如果不借助专门的注释或大型的工具书,今天要想顺利读懂《诗经》《楚辞》以及汉赋等时代较为久远一些的文学作品,已经是相当不容易了。如《楚辞·哀郢》一篇,其文如下:

  皇天之不纯命兮,何百姓之震愆!民离散而相失兮,方仲春而东迁。去故乡而就远兮,遵江夏以流亡。出国门而轸怀兮,甲之鼌吾以行。发郢都而去闾兮,荒忽之焉极。楫齐扬以容与兮,哀见君而不再得。望长楸而太息兮,涕淫淫其若霰。过夏首而西浮兮,顾龙门而不见。心婵媛而伤怀兮,眇不知其所蹠。顺风波以从流兮,焉洋洋而为客。凌阳侯之氾滥兮,忽翱翔之焉薄?心絓结而不解兮,思蹇产而不释。将运舟而下浮兮,上洞庭而下江。去终古之所居兮,今逍遥而来东。羌灵魂之欲归兮,何须臾而忘反?背夏浦而西思兮,哀故都之日远。登大坟以远望兮,聊以舒吾忧心。哀州土之平乐兮,悲江介之遗风。当陵阳之焉至兮,南渡之焉如?曾不知夏之为丘兮,孰两东门之可芜?心不怡之长久兮,忧与愁其相接。惟郢路之辽远兮,江与夏之不可涉。忽若不信兮,至今九年而不复。惨郁郁而不通兮,蹇侘傺而含戚。外承欢之汋约兮,谌荏弱而难持。忠湛湛而愿进兮,妒被离而障之。尧舜之抗行兮,瞭杳杳而薄天。众谗人之嫉妒兮,被以不慈之伪名。憎愠惀之脩美兮,好夫人之忼慨。众踥蹀而日进兮,美超远而逾迈。乱曰:曼余目以流观兮,冀一反之何时?鸟飞反故乡兮,狐死必首丘。信非吾

> 罪而弃逐兮,何日夜而忘之?①

相对而言,《哀郢》还是《楚辞》中比较浅近的一篇,但是一般读者要读懂上面未带注释的白文,那还是存在一定困难的,除了要知悉诗作的创作背景外,语言文字、历史典故等方面也存在障碍,如"皇天""震愆""轸怀""甲之鼌"等就是理解的难点。《楚辞》,东汉王逸最早集中作注,著成《楚辞章句》,南宋洪兴祖继之进行补注,著成《楚辞补注》,下面转录洪兴祖《楚辞补注》该诗前两节的注释如下:

> **皇天之不纯命兮**,德美大称皇天,以兴君也。**何百姓之震愆?** 震,动也。愆,过也。言皇天不纯一其施,则万物夭伤;人君不纯一其政,则百姓震动以触罪也。**民离散而相失兮**,**方仲春而东迁**。仲春,二月也。刑德合会,嫁娶之时。言怀王不明,信用谗言而放逐己,正以仲春阴阳会时,徙我东行,遂与室家相失也。一无"方"字。**去故乡而就远兮**,**遵江夏以流亡**。遵,循也。江夏,水名也。言己东行,循江夏之水而遂流亡,无还乡之期也。〔补〕曰:前汉有江夏郡。……杜预曰:汉水曲入江,即夏口矣。**出国门而轸怀兮**,轸,痛也。怀,思也。**甲之鼌吾以行**。甲,日也。鼌,旦也。屈原放出郢门,心痛而思,始去,正以甲日之旦而行。纪时日清明者,刺君不聪明也。鼌,一作晁。〔补〕曰:鼌、晁,并读为朝暮之朝。冯衍赋云:甲子之朝兮,汩吾西征。注云:君子举事尚早,故以朝言也。②

显然,经过王逸的注和洪兴祖的补注,读者就可以较为顺利地

---

① 《哀郢》一文文本据王泗原《楚辞校释》(王泗原:《楚辞校释》,北京:中华书局,2014年版,第166—172页。)

② 洪兴祖撰、白话文等点校:《楚辞补注》,北京:中华书局,1983年版,第132—133页。

读懂《哀郢》一诗了。但无论是王逸的注,还是洪兴祖的补注,其语言对于今天的读者来说,依然有时间的距离,另外,从时代性的角度看,王注和洪注毕竟是属于他们的时代的,对于今天的读者来说,简单继承是不行的,还需要在继承的基础上进行新注,下面转引当代王泗原《楚辞校释》的注释做一比较:

皇天之不纯命兮,何百姓之震愆!民离散而相失兮,方仲春而东迁。

这一节说郢都失陷。郢都,今湖北江陵县。楚文王自丹阳徙此。后九世,平王城之。后十世,楚顷襄王二十一年(秦昭王二十九年,周赧王三十七年,公元前二七八年),秦将白起拔楚郢都,顷襄王亡走陈,今河南淮阳县。

愆迁为韵。

皇天二句:纯,常。皇天之不纯命,"天命靡常"(诗大雅文王)之意。何百姓之震愆,感叹语气。震,震动。愆,过,谓受罪。

民离散二句:王注:"仲春,二月也。"东迁,指郢都失陷后,人民播迁,东徙于陈。以东迁为屈原自谓者非。

去故乡而就远兮,遵江夏以流亡。出国门而轸怀兮,甲之朝吾以行。

这以下因郢都失陷而自叙见放离郢以后之胸怀。

亡行为韵。

去故乡二句:去与就相对而言,去是离去,就是依附。王注:"遵,循也。江夏,水名也。"洪注:"前汉有江夏郡。应劭曰:沔水自江别至南郡华容为夏水,过郡入江,故曰江夏。水经云:夏水出江,流于江陵县东南。"

出门二句:王注:"轸,痛也。甲,日也。朝,旦也。"洪注:"朝读为朝暮之朝。"①

比较可以看出,王泗原注一方面对王逸注和洪兴祖的补注进行了选择,既继承了其有关字词的解释,同时也舍弃了有关意义方面的注释(如"言皇天不纯一其施,则万物夭伤;人君不纯一其政,则百姓震动以触罪也"),另一方面,结合今天的实际(如"郢都,今湖北江陵县"),运用现代汉语对诗歌进行了新注,并拨正了王逸的有关注释(如东迁的主体,王逸认为是"我",即屈原自己,王泗原则认为是"人民"),因此更便于今天读者的理解和接受。

古代文学典籍,尤其是其中重要的典籍历代都有注释,且在注释这种形式之外,不同时代还有对作家作品的各种研究和评论,如诗话、词话、文话以及散存于各类著述和笔记中的论述、评点等。这些注释和评论记录和反映了不同时代人对文学典籍的理解和接受,蕴涵了不同时代的思想文化思潮和文学艺术观,无疑都是宝贵的文献资料,但同样的,因时间的间阻,要顺利读懂这些注释和研究资料,也是很不容易的。

历史时空的渐行渐远,一方面使人们对文学典籍自身和各种注释、研究文献日益陌生,另一方面,文学典籍的内容也是有时代性的,其间有精华,亦有糟粕,不同时代层层累积的文献资料,思想内容、艺术品位同样也是良莠不齐,这些都给甄别和选择带来极大的困难。两者叠加,古代文学典籍可谓既是珍贵的历史文化财富,但一定程度上也是沉重的历史负担,要充分发挥文学典籍在当下文化建设中的功用,实现创造性继承和转化,着实需要下一番硬功夫。

二、泛媒介化的阅读语境

随着科技的进步,电影、电视、网络等多媒体高度发达,信

---

① 王泗原:《楚辞校释》,北京:中华书局,2014年版,第166—167页。

息传播改变了过去主要以语言文字为载体的单一纸质传播形式,而是语言文字、声音、图像综合运用,立体传播。文学作品的传播也不例外,纸质文字形式的文学作品不断被改编为电影、电视,搬上银屏,甚至一改先文学后影视的传统生产路径,文学作品与影视同步发行、传播。"当前,影响中国文学转变的媒介常常已不是一种而是由两种以上构成的泛媒介场了"①。泛媒介化的时代环境深刻地改变了传统文学纸质、文字的存在形式和传播方式,极大地挤压了文学生存发展的空间,很多年轻人已经不太习惯阅读平面纸质的文学作品,而更乐意舒适地观赏影视作品了,"出现了文学空间正被事实上缩减的危险"②。相对于现当代文学,古代文学作品除了上述因为其历史性特点而存在的阅读障碍外,古代文学作品中诗赋、词曲等文学性强的作品占了较大的比例,而这些又远不同于富有趣味性、可读性强的戏曲、小说类文学作品,因此,泛媒介化的阅读语境,对古代文学活动空间的挤压和缩减更甚,当前古籍整理出版工作的困难就是一个不争的事实③,一部文学注释著作三五千的发行量与数以亿计的影视受众和网民相比形成了巨大的反差。

  文学典籍熔铸了圣人先贤的智慧和理想,积淀了文人雅士的哲思和情操,贯穿、融汇于绵长、丰厚的中华传统文化,不仅具有独立性和连续性,同时也滋养了绘画、书法、音乐、舞蹈等其他艺术形式。"文化是民族的血脉,是人民的精神家园",面对文学典籍传承固有的历史和当下的现实困境,在整理、影印、出版这些传统继承方式的基础上,必须根据变化的情况进一步

---

① 王一川:《泛媒介互动路径与文学转变》,《天津社会科学》,2007年第1期。

② 王一川:《泛媒介互动路径与文学转变》,《天津社会科学》,2007年第1期。

③ 当然,古籍整理出版工作的困难原因是多方面的,不止是读者减少导致经济效益下降的问题,也有政策支持、专业人才培养以及古籍整理著作的学术评价等方面的问题,但读者需求减少肯定是其中最重要的原因之一。

寻求突破与创新,使文学典籍在中华文化血脉的延续和精神家园的建设中持久地发挥作用。

第二节　文学典籍注释的创新

文学典籍虽是历史的,是基本固定不变的,但是对其注释则是当下的,是可以与时俱进、常注常新的,因此要积极通过注释创新,不断赋予文学典籍以新的生命力。

一、观念创新

观念是先导,观念决定行动,文学典籍注释的创新,首要的是观念的创新。唐诗、宋词、元曲,各领风骚数百年,一代有一代之文学,同样,时代背景在不断变化,也是一代有一代之注释,纵观一部古代文学典籍注释史,不就是一部与时代脉搏一起律动的不断发现、不断创新的历史吗?观念创新,就是要确立新变的思想,变则通,通则久,对于文学典籍注释来说,要充分认识到其发生的根本原因是时间性和时代性,注释既要复古,面向过去,更要新变,面向当下和未来。国家《关于实施中华优秀传统文化传承发展工程的意见》指出:"坚持创造性转化和创新性发展。坚持辩证唯物主义和历史唯物主义,秉持客观、科学、礼敬的态度,取其精华、去其糟粕,扬弃继承、转化创新,不复古泥古,不简单否定,不断赋予新的时代内涵和现代表达形式,不断补充、拓展、完善,使中华民族最基本的文化基因与当代文化相适应、与现代社会相协调。"[①]因此,在注释实践中,要敢于扬弃,勇于创新,不断创新内容和形式,创新方法和手段,胶执旧注、疏不破注等任何简单因袭、僵化保守的注释都是没有前途和出路的。当然,新变也不能为新而新,天马行空,

---

① 中办、国办:《关于实施中华优秀传统文化传承发展工程的意见》,http://www.scio.gov.cn/zxbd/wz/Document/1541575/1541575.htm.

凿空臆说,而是要遵循注释的基本理论和规律,要有科学性和合理性。

值得一提的是,尽管文学典籍注释代有创新,但有一点我们则认为应是始终不变的,即注释是为文学典籍的阅读和理解服务的,是因文学典籍的存在而存在的,文学的目的决定了注释的目的,文学的生命机制决定了注释的生命机制,任何新的解说、新的方法,都是因文学作品而存在而具有价值的。注释实践中,要牢牢坚守这一点,把文本和注释统一起来,把学术研究和实践应用统一起来,如果违背注释的本质属性和存在理由,游离作品、脱离读者,或炫富耀博,把注释弄成学问,或繁琐考据,把注释当成学术,种种此类,都是把手段当成目的,把工具当成本体,本末倒置,喧宾夺主,这样的注释再新再实,其生命力也是值得怀疑的。

二、内容创新

古代文学典籍记录、反映了古人对社会人生问题的思考和解答,其中有些问题是古今共同的,如生老病死等问题,但也有很多问题,随着社会的进步,其内涵已经不一样了,如离别问题,古人是"相见时难别亦难""长亭路,年去岁来,应折柔条过千尺",今天交通、通讯发达,今人对"黯然销魂者,唯别而已矣"的体验显然是不一样的了,当然,也有很多是新的问题,如核战争威胁问题、环境污染问题、食品安全问题等等,这也是古代文学典籍中未曾关注过的。

习近平同志指出:"要深入挖掘和阐发中华优秀传统文化讲仁爱、重民本、守诚信、崇正义、尚和合、求大同的时代价值,使中华优秀传统文化成为涵养社会主义核心价值观的重要源泉。"[①]内容创新,就是要回归文学的本真,在了解历史、尊重历

---

① 《中共中央政治局进行第十三次集体学习 习近平主持》,http://www.gov.cn/ldhd/2014-02/25/content_2621669.htm.

史的基础上,从时代际遇和现实情境出发,着重关注当今社会和现代人的生存焦虑和困惑,采取拿来主义的方法,通过再现、发掘、重新赋予的路径,古为今用,批评地吸收、转化文学典籍中与当代文化相适应、相协调的先进的、有价值的思想文化内容。思想文化内容创新在文学典籍注释无疑具有极重要的意义,可以说,举凡优秀的文学典籍注释著作,其在思想文化内容方面都是具有很强的创新性的,这如本书前面章节述及的朱熹的《四书章句集注》《诗集传》,刘学锴、余恕诚《李商隐诗歌集解》等文学典籍注释著作,甚至可以说,一部文学典籍注释著作的价值很大程度上是决定于其适应时代需要而进行的创新。当然,这里需要指出的是,古代文学典籍中蕴涵的很多思想内容确实是能指引现代人对生存问题的思考和解决,如"讲仁爱、重民本、守诚信、崇正义、尚和合、求大同"的思想,但也需注意不要过分夸大其功能,历史是不断进步的,文学典籍的功能和价值也是有其历史局限性的,不要动辄就从文学典籍中找根据,让文学典籍包治百病,今天的很多问题还是需要依靠现代科技和现代思想来回答的,如经济全球化、文化冲突以及生态恶化、能源危机等等问题。

　　文学典籍注释的内容创新除了思想内容方面的开掘和创新外,艺术特色方面注释的创新也是最重要的内容,理想的注释,不仅在思想内容方面能做出富有时代意义的创新,而且在艺术特色方面也能进行开拓,提高作家作品的艺术境界。清代仇兆鳌的《杜诗详注》,不仅从其儒家思想出发,深入阐发了杜诗"有关于世运,有关于性情伦纪"的"诗之实""诗之本"方面的思想内容,也对杜诗的艺术特色尤其是对杜诗的结构章法几乎逐篇进行了细致分析,既彰显了杜诗章法谨严的艺术特点,也给读者的赏析甚至创作以有益的指导与启发,如《望岳》一诗,仇注如下:

　　　　此望东岳而作也。诗用四层写意:首联远望之

色,次联近望之势,三联细望之景,末联极望之情。上六实叙,下二虚摹。岱宗如何,意中遥想之词,自齐至鲁,其青未了,言岳之高远。拔地而起,神秀之所特钟。蟠天而峙,昏晓于此判割。二语奇峭。王嗣奭《杜臆》云:"荡胸"句,状襟怀之浩荡。"决眦"句,状眼界之空阔。公身在岳麓,而神游岳顶,所云"一览众山小"者,已冥搜而得之矣,非必再登绝顶也。杜句有上因下因之法。荡胸由于曾云之生,上二字因下。决眦而见归鸟入处,下三字因上。上因下者,倒句也。下因上者,顺句也。末即登泰山而小天下之意。①

再如《题张氏隐居二首》的第一首(春山无伴独相求,伐木丁丁山更幽),仇注不仅细致分析了其结构章法:"此首初访张君而作也。上四言景,下四言情,此大概分段处。若细分之,首句张氏,次句隐居。三四切隐居,言路之僻远,五六切张氏,言人之廉静。末二说得宾主两忘,情与境俱化。上海朱瀚曰:看此诗脉理次第,曰斜日,曰夜,曰朝,曰到,曰出,曰求,曰对,分明如画。"②而且扩大范围,在篇末进一步分析了杜诗之"在四句分截"格法的渊源:"唐律多在四句分截,而上下句,自具起承转阖。如崔颢《行经华阴》诗,上半华阴之景,下半行经有感,'武帝祠前'二句乃承上,'河山北枕'二句乃转下也。崔署《九日登仙台》诗,上半九日登仙台,下半呈寄刘明府,'三晋云山'二句乃承上,'关门令尹'二句乃转下也。杜诗格法,类皆如此。"③

三、方法创新

历经千百年的发展,文学典籍注释的组织结构和注释体例不断完善,科学性不断增强,如对作品的注释,作者及创作背

---

① 仇兆鳌:《杜诗详注》,北京:中华书局,1979年版,第4页。
② 仇兆鳌:《杜诗详注》,北京:中华书局,1979年版,第8页。
③ 仇兆鳌:《杜诗详注》,北京:中华书局,1979年版,第9页。

景、校勘、注释、作品意义与艺术特色以及相关评论或知识延伸拓展等结构内容都比较齐备。文学典籍的注释是严肃的学术行为,科学、准确是不变的准则,内容虽相对固定,但是如何注释、表达这些内容,实现注释的目的,方法则是可以灵活多变的,不断改革创新的。

文学是思想性、艺术性、娱乐性和可读性的统一体,传统文学理论对文学的价值判定是思想性、艺术性是第一位的,娱乐性、可读性是第二位的,叶砺华认为文学要走市场化的道路,前提是必须回归文学的本来面目,"文学的本来面目与本初目的都只能是:娱乐性、可读性是第一位的,思想性、艺术性是第二位或说是附属的。用一句大白话来说,文学不就是供人们工作劳动之余消遣娱乐的吗?"①确实,文学的思想性和艺术性无疑是其重要的品性,如果没有思想性和艺术性的崇高追求,文学就会流于媚俗、庸俗甚至低俗,其引领、化成作用就会极其有限,但是,如果过于强调思想性、艺术性,追求宏大叙事,让文学承载过多的社会功能,而忽视或低视文学的娱乐性和可读性,同样也不利于文学的发展。因此我们认为,古代文学典籍的现代注释,在不降低思想、艺术品位的前提下,同样也要注重可读性和娱乐性,不能心中先有经典意识,就义正词严,板起面孔说教,抹杀文学的灵性,殊不知没有趣味性的干巴巴的释读,是难以争取到广大年轻的读者的,综观一部文学发展史,又何尝不是朝着故事性和趣味性方向发展的。因此,注释方法的创新,就是要努力增强注释的可读性和趣味性,历代流传下来的诗话、词话以及笔记、小说中有很多诗词创作、流传的本事和趣事,完全可以破除陈见,在细致甄别、精心选择后,根据读者对象的不同,把这些引入到文学典籍的注释中,变抽象性的论述为形象性的诠释,变古奥的学术性表述为平畅的讲述,这样既

---

① 叶砺华:《文学:"市场化"的前提与路径》,《文艺评论》,1993年第5期。

可激发读者的阅读兴致,还可以获得雅俗共赏的娱乐效果。如苏轼《江城子·凤凰山下雨初晴》①一词主要采用白描的手法,描绘了凤凰山下傍晚时分雨后初晴的美景及江上筝声的哀婉动人,山光水色、美人哀筝,融为一体,意境优美。该词语言浅显,不用太多的注释,读者也能感悟、品鉴其美,但由于这类词读者平时多有接触,因此美则美矣,却不能动人。邹同庆、王宗堂在笺注该词时,于词后附录了几则相关的词话,饶有趣味,转录如下:

> 【参考资料】宋·张邦基《墨庄漫录》卷一:"东坡在杭州,一日游西湖,坐孤山竹阁前临湖亭上,时二客皆有服,预焉。久之,湖心有一彩舟渐近亭前,靓妆数人,中有一人尤丽,方鼓筝,年且三十余,风韵娴雅,绰有态度。二客竞目送之。曲未终,翩然而逝。公戏作长短句云。"(清·叶申芗《本事词》卷上录此条,文字稍异。)
>
> 宋·袁文《瓮牖闲评》卷五:"东坡倅钱塘日,忽刘贡父相访,因拉与同游西湖。时二刘方在服制中。至湖心,有小舟翩然至前,一妇人甚佳,见东坡,自叙'少年景慕高名,以在室无由得见。今已嫁为民妻,闻公游湖,不避罪而来。善弹筝,愿献一曲,辄求一小词,以为终身之荣,可乎?'东坡不能却,援笔而成,与之。其词云:(略)。此词岂不更奇于《卜算子》耶?"②

显然,附录了这两则词话,就使原来比较宽泛的词意叙事化、故

---

① 《江城子》(湖上与张先同赋,时闻弹筝。):"凤凰山下雨初晴,水风清,晚霞明。一朵芙蕖,开过尚盈盈。何处飞来双白鹭,如有意,慕娉婷。 忽闻江上弄哀筝,苦含情。遣谁听?烟敛云收,依约是湘灵。欲待曲终寻问取,人不见,数峰青。"

② 邹同庆、王宗堂:《苏轼词编年校注》,北京:中华书局,2007年版,第34页。

事化了,成为对一次偶然的美丽邂逅或长久思慕的忧伤诀别的记述与追忆,不但扩展了词的信息容量,更使词充满了生活情趣,大大增强了可读性与趣味性。

另外,很多文学作品的精彩与独到之处,孤立地静态地就事论事往往难以看出,需要置于一定的参照系之下,方能彰显,因此,文学作品的注释,也要注意充分运用比较的方法。如纵向比较,可以从文学发展史甚至文化史的角度进行比较,如苏轼词在题材的开拓和词风转变方面的卓越成就,如果不放到词史的角度,是难以彰显的,小说《金瓶梅》《红楼梦》等,如果不从小说史的角度审视,一般读者也是难以透彻明白其成就和意义的;横向的比较则可以是同时代的作者、作品比较,另外,也还可以根据作品的类型,如文体、题材、风格类型等进行比较。这样多维度多层次地立体比较,既可以凸显作品的特色,还可以扩大视野,增加注释的信息量。如果说注释中增加可读性和趣味性,让注释更接地气,以更广泛地争取读者,那么,多维度多层次比较,则可以极高明,让作品的特色和意义得到更好地开掘和阐发。

四、形式创新

文学典籍的载体和存在形式主要是纸质的语言文字形式,对文学典籍的注释基本上也是以语言解释语言,至多有时配上一些插图,传播、接受的局限性很大,然而这在过去也是别无选择。现在情况大不一样了,多媒体和通讯技术高度发达,已经进入视觉文化时代,这只要看看近年来央视一些节目所产生的广泛影响就很清楚。这其中代表性的当推《百家讲坛》,该档节目形式活泼,内容广泛,声图并茂,娓娓道来,自2001年开播以来,轰动效应迭起,唤醒了人们对历史文化和古代典籍尘封已久的记忆,在传播和普及优秀中华传统文化方面发挥了重要的作用。电脑的普及,中小学生提笔忘字和汉字书写不规范问题逐渐增多,多年来不少专家学者和广大教师一直在强烈呼吁,强调汉字文化的重大意义,希望重视汉字书写教学,尽管呼声强烈,但收效却甚微,原因是没有找到行之有效的方法。央视2013年开播的《中国汉字听写大会》,采用比赛和穿插解说的形式,瞬间传遍大江南北,对于引起对汉字书写的重视和相关汉字文化知识的普及,发挥了较好的引导和推动作用。可喜的是,央视2016年2月份又开播了《中国诗词大会》,相信这对于激发国人诗词学习的热情肯定又会产生积极的影响。典籍、汉字、诗词这些本不容易传播的内容,借助现代传媒和生动的视觉语言,得到了很好的传达,引起广泛的关注,这无疑是突破纸质与文字的局限而形式创新的成果。

内容为王,内容创新是文学典籍注释的核心,但好的内容也需要与之匹配的形式呈现,文学典籍注释的创新同样也要注重形式的创新。以上所述的《百家讲坛》《中国汉字听写大会》等节目都给我们有益的启示和成功的借鉴,文学典籍的注释及成果的传播也必须充分尊重视觉文化这一现实,积极和现代传媒联姻。具体来说,一是要努力将纸质文字形式的作品搬上银屏,以可视化的方式和语言来讲述、来呈现,让读者也成为观众;二是将单纯的语言文字艺术转换为多媒体视觉艺术。文学本身就是综合性的艺术,对作品的解释和赏析,如果通过文字、声音、图片、视频等手段,辅以音乐、绘画、舞蹈等艺术形式,实现立体化呈现,无疑效果会大大增强,比如王维的诗,苏轼赞赏其是"味摩诘之诗,诗中有画;观摩诘之画,画中有诗"。如果精选几首,再配以画面来鉴赏,不仅有助于读者对诗的形象、意境的理解和想象,还能获得审美的愉悦和享受。

五、应用创新

文学典籍的注释具有很强的理论性,但同时更是实践性工作,其直接的实践成果便是文学典籍注释著作。文学典籍注释著作要实现更大的价值,获得广泛的社会效益,除了上述与现代传媒联姻之形式上创新外,我们认为也可以引入文化产业思维及其实践方式,进行应用创新。

目前文学典籍注释工作主要还是一种公益性文化事业,其中部分注释著作(有时涵盖于古籍整理工作中)由国家资助研究和出版经费,如全国古籍整理出版规划领导小组、国家社科基金等每年资助的一些项目,但多数还是广大专家学者和高校教师的学术行为,基本也是无偿的,这种公益的行为显然不利于古籍整理出版工作的发展与繁荣。王水照对历史上文学作品商品化的历程做了考察,指出:"书香与铜臭,在古代文人的心目中,势同水火,不能兼容。然而,经济社会自身的合乎规律的客观发展,使文学作品不可避免地走上商品化的道路。"①古代市场经济不发达的时代,文人秉持"书香与铜臭""势同水火"的观念,文学作品商品化尚且不可避免,当前,社会主义市场经济高度发达,国家大力发展文化产业,文学典籍注释之著作也当顺应历史潮流,进行产业和商业化的开发,实现公益事业和文化产业两条腿走路,融合发展。

如同文学艺术和其他文化创意产业一样,文学典籍注释之著作走产业化之路,实质上就是积极争取、扩大内外两个市场。内部市场就是让文学典籍注释著作本身获得更大的市场空间,实现更大的市场价值,因此需要让产品多元化,如某一作家的一部文学典籍注释著作完成后,根据读者定位,可以出服务于专家学者的学术性版本,也可以剪裁后,出服务于在校学生和普通读者的各类通俗性选注本;根据载体,可以出纸质文字形式的版本,也可以聘请专家讲座,录制出多媒体化的光盘本,以满足不同类型、不同层次读者的需求。外部市场就是要树立品牌意识,竭力把文学典籍注释著作打造成品牌,以之为依托和

---

① 王水照:《作品、产品与商品——古代文学作品商品化的一点考察》,《文学遗产》,2007年第3期。

媒介,来获得更大的商业附加值。另外也还可以围绕作家作品,和影视、动画以及旅游等结合,跨界发展,进一步开发成影视作品(如近年拍摄的电视剧《苏东坡》)、旅游文化产品等,这样一方面促进了文学作品的传播,另一方面也为影视等注入了有文化艺术含量的新内容。总之,一部完整的文学典籍注释著作,倾注了注者极大的心血甚至毕生的精力,对作者生活的时代背景和人生历程进行了深度探求和翔实考证,对作品的思想内容、艺术特色直至每一个典故、字词都进行了极其专业化的精深研究,这样的著作和成果不应该停留于纸质和学术的层面,有理由也应该以最小的成本获取最大的商业价值和社会效益。但是很明显,文学典籍注释著作要实现价值的最大化,不走市场化的文化产业发展之路,依托商业主体来融资、开发,仅公益性事业行为和实践方式是难以取得非常好的效果的。

第三节　文学典籍注释创新的要求

文学典籍注释发生的根本原因是时间性和时代性,要克服时间之间阻,弘扬文学典籍的时代价值,就必须通过注释,架起一座跨越时空、古今连续的桥梁。注释的本质属性是既具有历时的传播性,又具有时代的创造性,因此文学典籍注释的继承与创新都是其个中应有之义。

清代叶燮指出:"夫自三百篇而下,三千余年之作者,其间节节相生,如环之不断,如四时之序,衰旺相循而生物成物,息息不停,无可间也。吾前言踵事增华,因时递变,此之谓也。……夫惟前者启之,而后者承之而益之;前者创之,而后者因之而广大之。使前者未有是言,则后者亦能如前者之初有是言;前者已有是言,则后者乃能因前者之言而另为他言。总之:

后人无前人,何以有其端绪?前者无后人,何以竟其引申乎?"①文化的重要特点是继承性和创造性,"前者启之,而后者承之而益之;前者创之,而后者因之而广大之","前者未有是言,则后者亦能如前者之初有是言;前者已有是言,则后者乃能因前者之言而另为他言"。前后相继,人文化成,在继承和创新的过程中润物无声地涵养一个民族的品性和情怀。因此,文学典籍注释的创新,需要正确把握和处理好继承和发展的辩证关系。习近平同志指出:"不忘历史才能开辟未来,善于继承才能善于创新。优秀传统文化是一个国家、一个民族传承和发展的根本,如果丢掉了,就割断了精神命脉。我们要善于把弘扬优秀传统文化和发展现实文化有机统一起来,紧密结合起来,在继承中发展,在发展中继承。"②实践中,切不可为了创新或打着创新的旗号,而随意割断、歪曲历史,而要充分尊重历史,批判继承,推陈出新,严格恪守"在继承中发展,在发展中继承"的准则。

文学典籍的传承形式多样,相对于其他形式,文学典籍的注释有其独特性,一是其综合性,一是其整合性。文学典籍注释,从版本、校勘到字词、名物、典故到思想艺术、作者生平、时代背景,都是注释的内容,是全方位的,这些内容涉及文献学、语言学、文学、历史等不同学科,具有很强的综合性,如果再和现代传媒结合,或进行文化产业开发,则还会涉及传播学、经济学等学科。注释是开放的,一方面从历史上的注释和研究中继承成果,另一方面,还可以广泛地从当下的研究成果中吸收营养,汇合众流,整合化为典籍的血液和精神,滋养典籍的生命,使典籍之树长青。因此,文学典籍注释的创新要充分尊重典籍

---

① 叶燮:《原诗》,见《清诗话》(下册),上海:上海古籍出版社,1978年版,第587—588页。

② 习近平:《在纪念孔子诞辰2565周年国际学术研讨会暨国际儒学联合会第五届会员大会开幕会上的讲话》,http://news.xinhuanet.com/politics/2014—09/24/c_1112612018.htm。

注释综合性和整合性的特点,积极尝试不同学科、不同专家协作工作的模式,拓展眼界,多维度、多路向地汲取养分,不断提升文学典籍注释的水平和境界。

接受美学认为是读者赋予了作品以意义和价值,但读者毕竟是离散的,其解读很多时候也随着时间的流逝而流于无形,而注释则以文本为纲,为文本解读服务,形式上依附文本,内容上围绕文本展开、行进,各种信息都指向文本、附着于文本,最终定形、定格为注释著作,因此,从文学典籍传承的角度看,与其说是读者赋予了作品以意义和价值,毋宁说是注释赋予了作品以意义和生命。注释这种独特的以文本为纲的结构模式和运行方式,使文学典籍注释著作具有极强的稳定性,不管载体、形式如何变化和创新,能始终坚守文本与语言这两个根本。在文学典籍各种解读、新编、戏说甚至恶搞的历史洪流中,注释的稳定性特点具有极强的抗衡性,使文学典籍在历史的风烟中弦歌不断,始终保持血脉的延续和正统,这一点在文化传承中尤其具有重要的意义。

注释,就是给古书作解释,形式上似乎是附庸,实则是具有主体性和能动性的,功能上似乎仅是传达而已,实则是极富专业性和创造性的。注释既具有不可替代性,又具有无可比拟的优越性,看似小计,实则是沟通古今、传承文化的大业,可谓功莫大焉。在当下国家"建设优秀传统文化传承体系,弘扬中华优秀传统文化"的伟大时代使命中,在实施中华优秀传统文化传承发展工程的实践中,注释应该占有重要地位并发挥更大的作用。

主要参考文献

一、书籍类

[1]安旗,薛天纬等.李白全集编年注释[M].成都:巴蜀书社,1990.

[2]曹林娣.古籍整理概论[M].北京:北京大学出版社,2007.

[3]陈良运.中国诗学体系论[M].北京:中国社会科学出版社,1992.

[4]陈文忠.中国古典诗歌接受史研究[M].合肥:安徽大学出版社,1998.

[5]陈垣.校勘学释例[M].北京:中华书局,2004.

[6]程俊英,蒋见元.诗经注析[M].北京:中华书局,1991.

[7]戴震.戴震文集[M].北京:中华书局,1980.

[8]邓新华.中国古代诗学解释学研究[M].北京:中国社会科学出版社,2008.

[9]丁福保.清诗话[C].上海:上海古籍出版社,1978.

[10]丁绍仪.听秋声馆词话[M].北京:中华书局,1986.

[11]董洪利.古籍的阐释[M].沈阳:辽宁教育出版社,1993.

[12]钱谦益.钱注杜诗[M].上海:上海古籍出版社,1958.

[13]仇兆鳌.杜诗详注[M].北京:中华书局,1979.

[14]杜敏.赵岐朱熹《孟子》注释传意研究[M].北京:中国社会科学出版社,2004.

[15]杜泽逊.文献学概要[M].北京:中华书局,2001.

[16]冯浩.樊南文集[M].上海:上海古籍出版社,1988.

[17]冯浩笺注,蒋凡校点.玉溪生诗集笺注[M].上海:上海古籍出版社,1998.

[18]费振刚,常森,赵长征等.中国古代文学要籍精解[M].北京:北京大学出版社,2009.

[19]高亨.诗经今注[M].上海:上海古籍出版社,1980.

[20]郭芹纳.训诂学[M].北京:高等教育出版社,2005.

[21]郭庆藩撰,王孝鱼点校.庄子集释[M].北京:中华书局,2002.

[22]郭绍虞,富寿荪.清诗话续编[C].上海:上海古籍出版社,1983.

[23]马其昶校注,马茂元整理.韩昌黎文集校注[M].上海:上海古籍出版社,1986.

[24]郝润华.《钱注杜诗》与诗史互证方法[M].合肥:黄山书社,2000.

[25]何明星.《管锥篇》诠释方法研究[M].武汉:华中师范大学出版社,2006.

[26]贺严.清代唐诗选本研究[M].北京:人民出版社,2007.

[27]洪汉鼎.诠释学——它的历史和当代发展[M].北京:人民出版社,2001.

[28]洪昇著,徐朔方校注.长生殿[M].北京:人民文学出版社,1993.

[29]胡可先.杜甫诗学引论[M].合肥:安徽大学出版社,2003.

[30]胡震亨.唐音癸签[M].上海:上海古籍出版社,1981.

[31]胡仔纂集,廖德明校点.苕溪渔隐丛话(前集)[M].北京:人民文学出版社,1962.

[32]黄世中.类纂李商隐诗笺注疏解[M].合肥:黄山书社,2009.

[33]黄世中.李商隐诗选[M].北京:中华书局,2005.

[34]黄亚平.古籍注释学基础[M].兰州:甘肃教育出版社,1995.

[35]黄毅,许建平.二十世纪中国古代小说研究的视角与方法[M].上海:复旦大学出版社,2008.

[36]黄焯.毛诗郑笺平议[M].上海:上海古籍出版社,1985.

[37]纪昀等.四库全书总目提要[M].石家庄:河北人民出版社,2000.

[38]伽达默尔著,洪汉鼎译.真理与方法[M].上海:上海译文出版社,2004.

[39]焦循.孟子正义[M].北京:中华书局,1987.

[40]靳极苍.古籍注释改革研究论文集[C].太原:山西人民出版社,1989.

[41]靳极苍.注释学刍议[C].太原:山西人民出版社,2000.

[42]金元浦.接受反应文论[M].济南:山东教育出版社,1998.

[43]李剑亮.宋词诠释学论稿[M].北京:人民文学出版社,2006.

[44]李清良.中国阐释学[M].长沙:湖南师范大学出版社,2001.

[45]梁启超.清代学术概论[M].上海:上海古籍出版社,1998.

[46]梁启超.中国近三百年学术史[M].天津:天津古籍出

版社,2003.

[47]刘勰著,周振甫注.文心雕龙[M].北京:人民文学出版社,1981.

[48]刘学锴.李商隐诗歌研究[M].合肥:安徽大学出版社,1998.

[49]刘学锴.李商隐传论[M].合肥:安徽大学出版社,2002.

[50]刘学锴.李商隐诗歌接受史[M].合肥:安徽大学出版社,2004.

[51]刘学锴,余恕诚,黄世中.李商隐资料汇编[C].北京:中华书局,2001.

[52]刘学锴,余恕诚.李商隐文编年校注[M].北京:中华书局,2002.

[53]刘学锴,余恕诚.李商隐诗歌集解(增订重排本)[M].北京:中华书局,2004.

[54]刘琳,吴洪泽.古籍整理学[M].成都:四川大学出版社,2003.

[55]米彦青.清代李商隐诗歌接受史稿[M].北京:中华书局,2007.

[56]潘德荣.文字·诠释·传统:中国诠释传统的现代转化[M].上海:上海译文出版社,2003.

[57]浦起龙.读杜心解[M].北京:中华书局,1977.

[58]钱钟书.宋诗选注[M].北京:生活·读书·新知三联书店,2002.

[59]瞿蜕园,朱金诚.李白集校注[M].上海:上海古籍出版社,1980.

[60]全国古籍整理出版规划领导小组办公室.古籍整理出版十讲[C].长沙:岳麓书社,2002.

[61]全国古籍整理出版规划领导小组办公室.古籍整理出

版漫谈[C].上海:上海古籍出版社,2004.

[62]十三经注疏整理委员会.论语注疏[M].北京:北京大学出版社,2000.

[63]十三经注疏整理委员会.诗经正义[M].北京:北京大学出版社,2000.

[64]孙微.清代杜诗学史[M].济南:齐鲁书社,2004.

[65]孙玉石.中国现代解诗学的理论与实践[M].北京:北京大学出版社,2007.

[66]汤显祖著,徐朔方、杨笑梅校注.牡丹亭[M].北京:人民文学出版社,1994.

[67]田蕙兰,马光裕,陈珂玉.钱钟书杨绛研究资料集[C].武汉:华中师范大学出版社,1997.

[68]童庆炳.文学理论教程(修订二版)[M].北京:高等教育出版社,2004.

[69]王国维.人间词话[M].上海:上海古籍出版社,1998.

[70]王琦.李太白全集[M].北京:中华书局,1977.

[71]王汝弼,聂石樵.玉溪生诗醇[M].济南:齐鲁书社,1987.

[72]王泗原.楚辞校释[M].北京:中华书局,2014.

[73]汪耀楠.注释学纲要(第二版)[M].北京:语文出版社,1997.

[74]吴慧.李商隐诗要注新笺[M].北京:方志出版社,2010.

[75]吴建民.中国古代诗学原理[M].北京:人民文学出版社,2001.

[76]萧统编,李善注.文选[M].上海:上海古籍出版社,1986.

[77]徐礼节,余恕诚.张籍集系年校注[M].北京:中华书局,2011.

[78]颜昆阳.李商隐诗笺释方法论——中国古典解释学例说(修订版)[M].台北:里仁书局,2005.

[79]羊春秋选注.元明清散曲三百首[M].长沙:岳麓书社,1992.

[80]杨伯峻.论语译注[M].北京:中华书局,2009.

[81]杨伯峻.孟子译注[M].北京:中华书局,2005.

[82]杨亿编,王仲荦注.西昆酬唱集注[M].北京:中华书局,1980.

[83]叶朗.中国美学史大纲[M].上海:上海人民出版社,1985.

[84]叶葱奇.李商隐诗集疏注[M].北京:人民文学出版社,1985.

[85]余恕诚.中国诗学研究[C].福州:福建人民出版社,2006.

[86]余恕诚,刘学锴.中国诗学研究(第2辑,李商隐研究专辑)[C].上海:上海古籍出版社,2003.

[87]袁行霈.中国文学史[M].北京:高等教育出版社,2005.

[88]袁行霈.中国诗歌艺术研究(第3版)[M].北京:北京大学出版社,2009.

[89]袁行霈.中国文学概论(增订本)[M].北京:北京大学出版社,2010.

[90]詹锳.李白全集校注汇释集评[M].天津:百花文艺出版社,1996.

[91]张采田.玉溪生年谱会笺[M].上海:上海古籍出版社,1983.

[92]章培恒,骆玉明.中国文学史[M].上海:复旦大学出版社,2004.

[93]章学诚.校雠通义[M].上海:上海古籍出版社,1987.

[94]张之强,许嘉璐.古汉语论集(第二辑)[C].长沙:湖南教育出版社,1988.

[95]郑在瀛.李商隐诗集今注[M].武汉:武汉大学出版社,2001.

[96]周光庆.中国古典解释学导论[M].北京:中华书局,2002.

[97]周宁,金元浦.接受美学与接受理论[C].沈阳:辽宁人民出版社,1987.

[98]周裕锴.中国古代阐释学研究[M].上海:上海人民出版社,2003.

[99]周振甫.文心雕龙今译[M].北京:中华书局,1996.

[100]周振甫.李商隐选集[M].上海:上海古籍出版社,1986.

[101]朱光潜.诗论[M].上海:上海古籍出版社,2001.

[102]朱立元.当代西方文艺理论[M].上海:华东师范大学出版社,2005.

[103]朱熹撰,金良年今译.四书章句集注[M].上海:上海古籍出版社,2006.

[104]朱熹著,黎靖德编.朱子语类[M].北京:中华书局,1994.

[105]邹同庆,王宗堂.苏轼词编年校注[M].北京:中华书局,2002.

二、论文类

[1]白静生.殚精竭虑,不误后人——古籍注释杂谈[J].古籍整理研究学刊,1987(4).

[2]蔡子葵.冯浩《玉溪生诗笺注》研究[D].上海:上海师范大学,2003.

[3]蔡子葵.清代"注李"热潮的成因探讨[J].郑州大学学

报,2005(4).

[4]蔡子葵.冯浩《玉溪生诗笺注》研究[J].古籍整理研究学刊,2006(1).

[5]曹道衡.论《文选》的李善注和五臣注[J].江海学刊,1996(2).

[6]曹顺庆,范利伟.阐释的限度:从话语权的角度重新认识文学史发展规律[J].江淮论坛,2015(4).

[7]陈绂.从注释对原典的超越看语言与文化的关系[J].古汉语研究,1992(3).

[8]陈美容.从《大学》"新民"看朱子"六经注我"与"我注六经"之统一[J].江汉大学学报,2012(1).

[9]程毅中.21世纪古籍整理的前瞻.[EB/OL].http://www.guji.cn/web/c_000000110005/d_8085.htm.

[10]戴震.《尔雅文字考》序[A]//戴震.戴震文集[M].北京:中华书局,1980.

[11]丁俊苗.《玉溪生诗笺注》注释研究[D].西安:陕西师范大学,2009.

[12]丁俊苗,徐礼节.《李商隐诗歌集解》注释思想探微[J].安康学院学报,2011(6).

[13]丁俊苗,徐礼节.论《李商隐诗歌集解》的注释成就[J].安康学院学报,2012(6).

[14]丁俊苗.成如容易却艰辛——评《张籍集系年校注》[J].书品,2012(1).

[15]丁俊苗.论文学典籍注释的统一性与层次性[J].海南大学学报,2016(4).

[16]丁俊苗.论文学典籍注释的功能与价值[J].渭南师范学院学报,2016(15).

[17]丁俊苗.论文学典籍的注释原则与注释思想[J].安康学院学报,2016(5).

[18]丁俊苗.试论典籍注释的性质[J].古籍整理研究学刊,2016(6).

[19]丁俊苗.论典籍注释发生的根本原因[J].湖北大学学报,2017(1).

[20]刁克利."作者之死"与作家重建[J].中国人民大学学报,2010(4).

[21]董洪利.注释与训诂异同辨[J].中国典籍与文化,1993(1).

[22]董乃斌.阐释者的文化意识与心灵历程——以李商隐诗歌之阐释为中心[J].福建论坛,1988(1).

[23]杜敏.训诂学与解释学之比较——兼及训诂学当代发展的途径[J].陕西师范大学学报,2003(6).

[24]杜敏.论典籍注释对语言传意研究的拓展[J].北京师范大学学报,2004(1).

[25]杜敏.论典籍注释传意的客观性[J].陕西师范大学学报,2004(6).

[26]杜敏.论典籍注释的传意性[J].北京大学学报,2005(4).

[27]顾迁.论焦循《孟子正义》的注释方法和精神特色[J].船山学刊,2007(1).

[28]管锡华.论注释与训诂和古籍整理研究的关系[J].安徽教育学院学报,1994(2).

[29]韩大强.清代李商隐研究热探因[J].河南理工大学学报,2005(1).

[30]韩大强.宋元明时期李商隐研究冷落之原因[J].殷都学刊,2005(2).

[31]韩大强.清代李商隐研究综述[J].信阳师范学院学报,2005(5).

[32]韩格平.训诂学能否演进为中国古籍注释学——建国

以来训诂学研究的回顾与展望[J].古籍整理研究学刊,1989(5).

[33]韩格平.关于高校中国古籍注释学学科构建的几点思考[J].古籍整理研究学刊,1994(6).

[34]汉斯·罗伯特·姚斯.文学史作为向文学理论的挑战[A]//周宁,金元浦.接受美学与接受理论[C].沈阳:辽宁人民出版社,1987.

[35]郝润华.论清代诗歌解释学的成就和歧误[J].宁波大学学报,2000(1).

[36]郝润华.《钱注杜诗》中的诗史互证与时代学术精神[J].杜甫研究学刊,2000(1).

[37]郝润华.论《钱注杜诗》的诗史互证方法[M].首都师范大学学报,2000(2).

[38]郝润华.论《钱注杜诗》对清代诗歌解释学的影响[J].西北成人教育学报,2000(2).

[39]郝润华,段海蓉.《钱注杜诗》诠释方法略论[J].新疆大学学报,2003(2).

[40]郝润华.从经学到诗歌解释学——以《钱注杜诗》为中心考察[J].河南师范大学学报,2005(2).

[41]胡功胜.文学批评:主体性的危机及其重建之维[J].江淮论坛,2012(5).

[42]黄亚平.试论《孟子章句》的注释特点[J].古籍整理研究学刊,1996(2).

[43]黄亚平.古籍注释类型刍议[J].西北师大学报,1999(3).

[44]黄亚平.建设古籍注释研究理论框架的重要意义[J].古籍整理研究学刊,2002(3).

[45]贾红莲.解释、解释的客观性与文化传统的重塑[J].哲学动态,2006(1).

[46]江怡.训诂、解释与文化传承[J].哲学动态,2006(1).

[47]蒋寅.《杜诗详注》与古典诗歌注释学之得失[J].杜甫研究学刊,1995(2).

[48]蒋寅.论清代诗文集的类型、特征及文献价值[J].河北师范大学学报,2004(1).

[49]蒋寅.在传统的阐释与重构中展开——清初诗学基本观念的确立[J].中国社会科学,2006(6).

[50]景海峰.从训诂学走向诠释学——中国哲学经典诠释方法的现代转化[J].天津社会科学,2004(5).

[51]靳极苍.应把"注释学"建为一专门学科[J].晋阳学刊,1991(6).

[52]金振邦.略论中国古代文体分类[J].东北师大学报,1989(4).

[53]李凯.清人注杜的解释学观念[J].杜甫研究学刊,2002(3).

[54]李红霞.王琦《李太白全集》辑注研究[D].西安:陕西师范大学,2008.

[55]李亚明.论传统训诂学的现代化[J].北方论丛,1995(4).

[56]李亚明.训诂学研究方法的继承与创新[J].古籍整理研究学刊,1995(6).

[57]梁晓萍.关于"读者之死"的几点思考[J].当代文坛,2007(6).

[58]刘化兵.陆九渊"六经注我,我注六经"本义辨析[J].中国文学研究,2008(2).

[59]刘学锴.李商隐诗集版本系统考略[J].安徽师大学报,1997(4).

[60]刘学锴.本世纪中国李商隐研究述略[J].文学评论,1998(1).

[61]刘学锴.从纷歧走向融通——《锦瑟》阐释史所显示的客观趋势[J].安徽师范大学学报,2003(3).

[62]刘学锴.白描胜境话玉溪[J].文学遗产,2003(4).

[63]潘德荣.文字与解释——训诂学与诠释学比较[J].学术月刊,1996(2).

[64]潘德荣.经典与诠释——论朱熹的诠释思想[J].中国社会科学,2002(1).

[65]裴世俊.杜诗学史中的《钱注杜诗》——钱谦益笺注杜诗的缘起[J].聊城大学学报,2002(1).

[66]彭启福.陆九渊心学诠释学思想辨析——从"六经注我"与"我注六经"谈起[J].安徽师范大学学报,2011(1).

[67]曲静涛.注释的历史作用[J].中国索引,2014(1).

[68]孙伟平.价值与时间[J].哲学研究,2007(7).

[69]陶东风.建构中国自己的文学解释学[J].中国社会科学,1999(5).

[70]陶文鹏.论李商隐诗的幻象与幻境[J].文学遗产,2002(5).

[71]童庆炳.文学经典建构诸因素及其关系[J].北京大学学报,2005(5).

[72]王立群.从释词走向批评——《文选五臣注》研究评析[J].中州学刊,1998(2).

[73]王宁,李国英.李善的《昭明文选注》与征引的训诂体式[A]//.俞绍初,许逸民.中外学者文选学论集[C].北京:中华书局,1998.

[74]王宁.论言语意义与传意效果——从古诗鉴赏看传意的主客观统一性[J].南阳师范学院学报,2003(1).

[75]王宁.阐释的边界与经典的形成[J].学术界,2015(9).

[76]王水照.作品、产品与商品——古代文学作品商品化

的一点考察[J].文学遗产,2007(3).

[77]王水照,内山精也.关于《宋诗选注》的对话[A]//田蕙兰,马光裕,陈珂玉.钱钟书杨绛研究资料集[C].武汉:华中师范大学出版社,1997.

[78]王一川.泛媒介互动路径与文学转变[J].天津社会科学,2007(1).

[79]王友胜.冯浩《玉溪生诗笺注》的研究方法与学术创获[J].湘潭大学社会科学学报,2003(2).

[80]王友胜.论《樊川诗集注》的成就与特点——兼评冯集梧的家学渊源[J].山西大学学报,2007(1).

[81]王友胜.五十年来钱锺书《宋诗选注》研究的回顾与展望[J].文学遗产,2008(6).

[82]王兆鹏.中国古代文学传播方式研究的思考[J].文学遗产,2006(2).

[83]文江涛."以意逆志"与解释学美学——中国传统文学释义方法与西方解释学的对话[J].萍乡高等专科学校学报,2005(3).

[84]吴敢.《金瓶梅》评点综论[J].明清小说研究,2013(3).

[85]吴乔.围炉诗话[A]//郭绍虞,富寿荪.清诗话续编[C].上海:上海古籍出版社,1983.

[86]吴乔.西昆发微序[A]//刘学锴,余恕诚,黄世中.李商隐资料汇编[C].北京:中华书局,2001.

[87]吴淑玲.仇兆鳌及《杜诗详注》研究[D].保定:河北大学,2005.

[88]吴淑玲.建国以来仇兆鳌和《杜诗详注》研究述评[J].杜甫研究学刊,2007(1).

[89]习近平.在纪念孔子诞辰2565周年国际学术研讨会暨国际儒学联合会第五届会员大会开幕会上的讲话[EB/

OL]. http://news.xinhuanet.com/politics/2014－09/24/c_1112612018.htm.

[90]谢思炜.杜诗解释史概述[J].文学遗产,1991(3).

[91]许嘉璐.注释学刍议[A]//张之强,许嘉璐主编.古汉语论集(第二辑)[C].长沙:湖南教育出版社,1988.

[92]许嘉璐.对训诂学发展的思考[J].语文建设,1994(12).

[93]徐时仪.传统训诂学理性化的反思——兼论传统人文精神的弘扬[J].江西社会科学,2004(3).

[94]徐滋鸿.冯浩《玉溪生诗笺注》研究[D].高雄:中山大学,2008.

[95]余让尧.谈训诂学成果的吸收和运用[J].南昌大学学报,1990(1).

[96]余恕诚.李商隐诗歌的多义性及其对心灵世界的表现——兼谈李诗研究的方法问题[J].文学遗产,1997(2).

[97]余恕诚.从"阮旨遥深"到"玉溪要眇"——中国古代象征性多义性诗歌之从主理到主情[J].文学遗产,2002(1).

[98]杨光荣.训诂学的现代观念[J].山西大学学报,1995(02).

[99]叶砺华.文学:"市场化"的前提与路径[J].文艺评论,1993(5).

[100]叶燮.原诗[A]//丁福保.清诗话(下册)[C].上海:上海古籍出版社,1978.

[101]曾亚兰,赵季.说仇兆鳌以楚辞注杜诗[J].杜甫研究学刊,1999(2).

[102]曾亚兰,赵季.说仇兆鳌以诗经注杜诗[J].杜甫研究学刊,1999(4).

[103]张家壮.回归与超越:《杜臆》与"以意逆志"法[J].福州大学学报,2008(1).

[104]张江.阐释的边界[J].学术界,2015(9).

[105]张奎志.文本·作者·读者——文学批评在三者间的合理游走[J].学习与探索,2008(4).

[106]张少康.《文心雕龙》的文体分类论——和《昭明文选》文体分类的比较[J].江苏大学学报,2007(1).

[107]张晓明.学术界对训诂学学科性质的认识与争论[J].广西社会科学,2004(7).

[108]钟宗宪.人文学科的价值与时代性的"发明"[J].民间文化论坛,2007(3).

[109]中办,国办.关于实施中华优秀传统文化传承发展工程的意见.[EB/OL].http://www.scio.gov.cn/zxbd/wz/Document/1541575/1541575.htm.

[110]周光庆.中国训诂学断想[J].河北师范大学学报,1998(1).

[111]周光庆.二十世纪训诂学研究的得失[J].华中师范大学学报,1999(2).

[112]周光庆.中国古典解释学的现代转型[J].学术界,2004(6).

[113]周裕锴.语言还原法——乾嘉学派的阐释学思想之一[J].河北学刊,2004(5).

[114]周裕锴.中国古典诗歌的文本类型与阐释策略[J].北京大学学报,2005(4).

[115]朱金城.略论清人王琦的《李太白集辑注》[A]//周勋初.李白研究[C].武汉:湖北教育出版社,2003.

[116]朱立元.追求文本自在意蕴与阐释者生成意义的有机结合[J].学术界,2015(9).

后 记

看看终于完成的《文学典籍注释基本理论研究》一书，虽然过程很辛苦，但还是颇感欣慰，因为一方面毕竟储存于头脑中的一些想法终于得以显性地表达出来，也算是给自己关于文学典籍注释理论的思考进行了一回注释；另一方面，虽然本书的价值不敢言说，但毕竟是给学界和同仁们的批评提供了一个可资言说的文本，相信经过大家的共同努力，文学典籍注释的理论研究会更进一步。

当初撰写此书的目标主要是想构建一个较为系统化的文学典籍注释理论体系，以推进注释学的理论研究和学科建设，指导注释实践，为中华优秀传统文化的传承发展尽绵薄之力。回顾和反省写作的历程，自觉本书至少仍存在三方面需要提高的地方：一是构建的理论体系主要是框架性的，还比较粗疏，精细性不够，科学性、合理性还需要接受实践的检验；二是论证方面感觉不足，有时是先有观点，后找例子去说明和证实，显得较为生硬，例证的选择面和代表性也还不够；三是文学典籍注释的特殊性突出不够，特别是具体到不同的文体类型和作家作品。限于学识和精力，虽明知存在这些不足，但一时也无力去改进，希望在今后的研究中逐步完善，在此也恳请读者和方家多提宝贵意见。

研究文学典籍注释，是 2006 年在陕西师范大学读博时点燃的火花，导师郭芹纳先生虽致力于训诂学研究，但一直希望把文学研究和训诂学研究打通,而贯通二者的桥梁莫过于研究文学典籍的注释,因此先生积极鼓励并引导学生从研究文学性强的诗歌注释开始进入注释学研究。时光荏苒,从当初研究《玉溪生诗笺注》的注释,到今天本书的撰写,一眨眼就是10余年。多年治学,本应是越来越驾轻就熟,但于我却是对学术越来越敬畏:一是"畏"其艰辛,日复一日地坚持,很有一种"熬干"了感觉;一是"畏"其纯粹,思考再思考,时有被"抽空"的感觉。好在这种"畏"是敬畏,畏惧中还有很多东西值得且应该崇敬,如治学的精神、师友的情意、家人的温暖和单位的支持。

读书、写作的日子很清苦、很寂寞,记得在行将写作最后一章的时候,无端地腰椎间盘突出,一躺就是多日。等到再次来到日日散步的小花园,小花园已是焕然一新了,新叶满枝,细草匝地,春意融融。失去的才知可贵,稀松平常的散步,却原来也很难得,得到的亦应怜惜,些许绿意,都需要历经从冬流到春的静默和等待,于是更多了一份对生活和生命的感悟。

本书是安徽省高校省级人文社科重点研究项目"文学典籍注释基本理论研究"(项目编号:SK2013A115)的研究成果,得到了安徽省教育厅和巢湖学院的大力支持。在项目研究和本书写作过程中,巢湖学院文学传媒与教育科学学院方习文教授、徐礼节教授等都给予了热情的帮助和指导,在本书的出版过程中,安徽大学出版社提供了大力支持。得知拙著打算出版,导师郭芹纳先生亦欣然赐序,给予热情提携和勉励,使本书大为增色。对于诸位师友、同事的相助和恩情,在此一并致以深深的谢意。

丁俊苗
2017 年 3 月 20 日